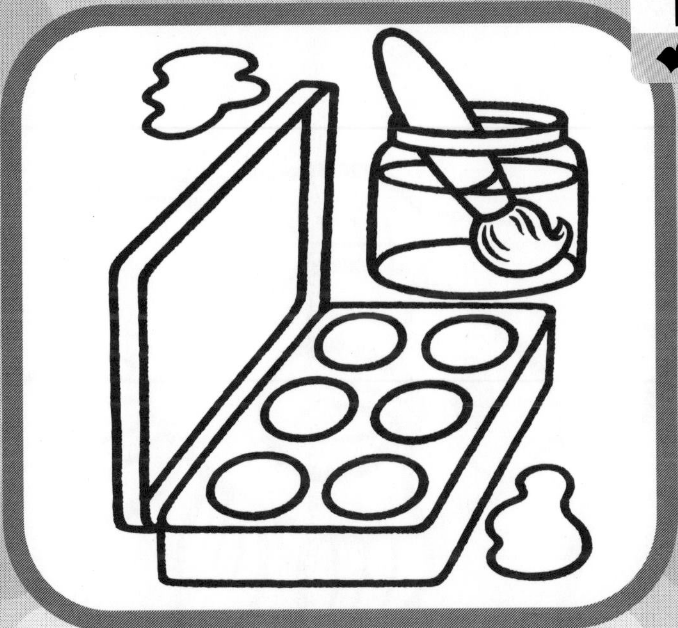

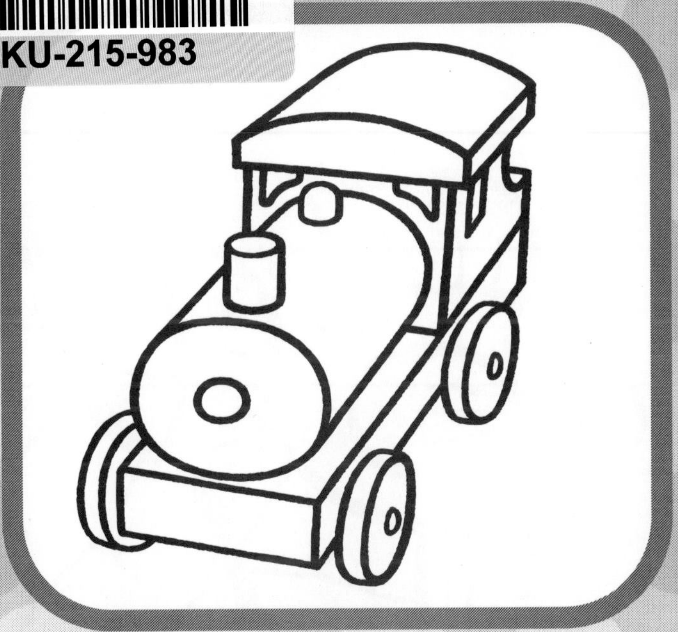

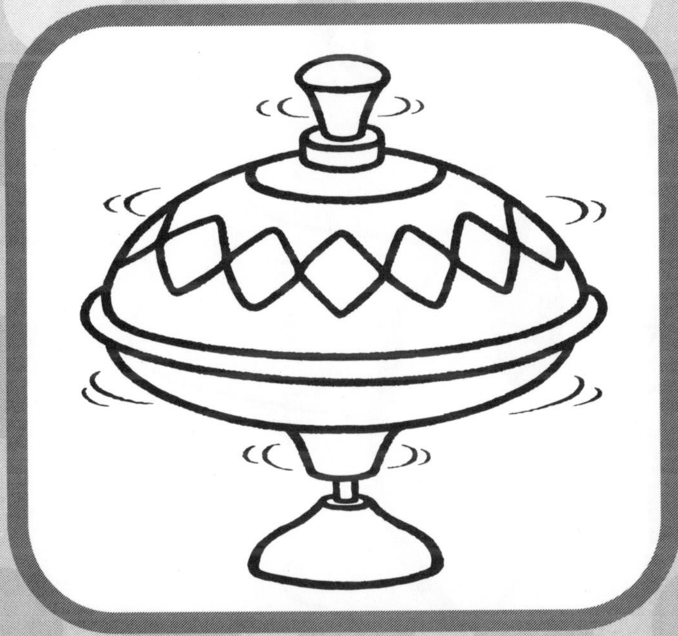

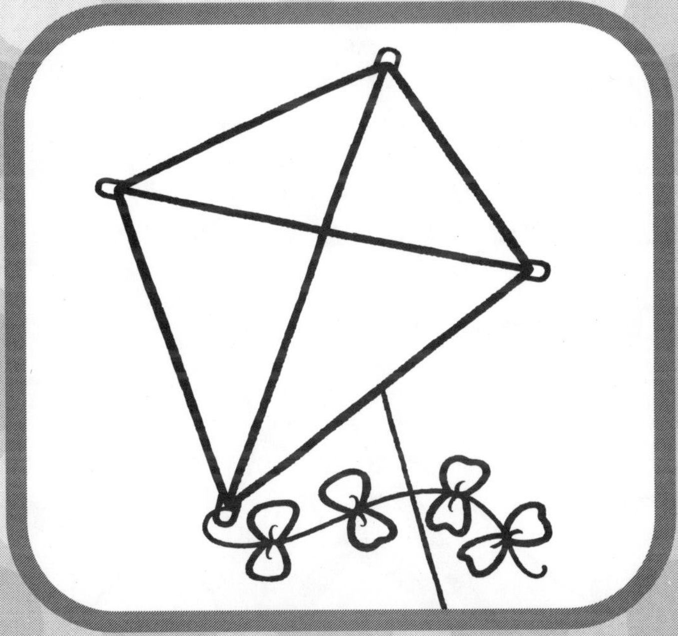

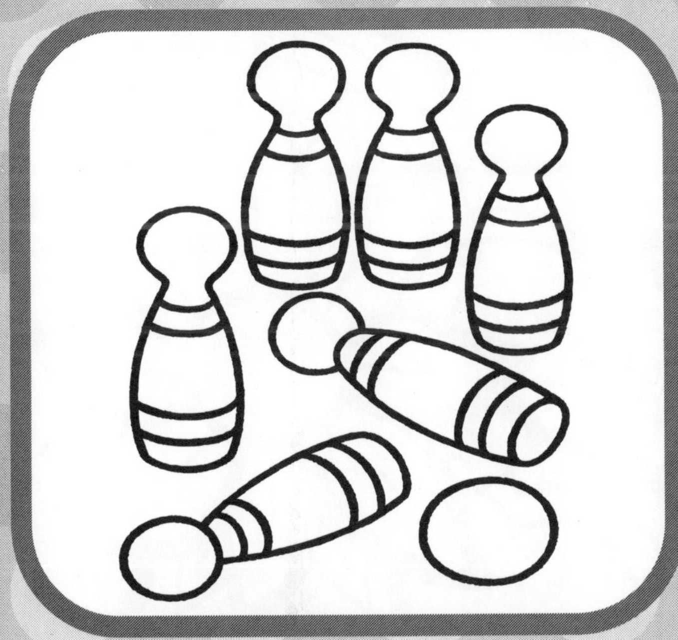

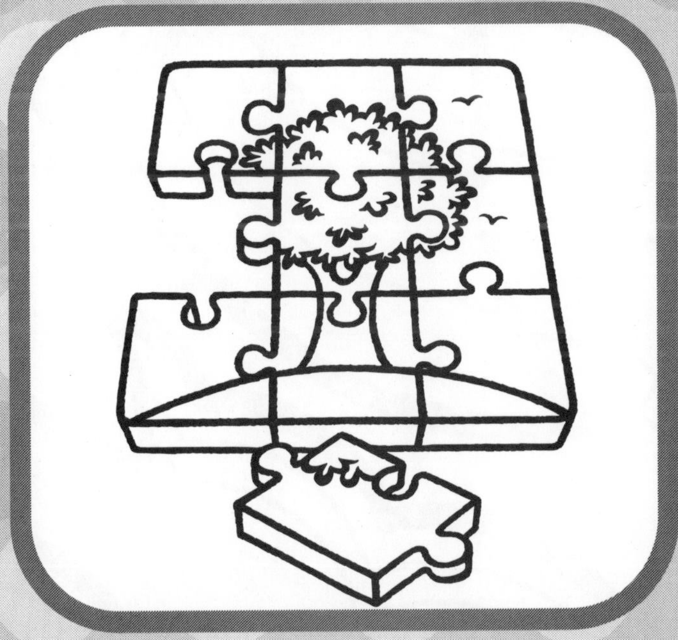

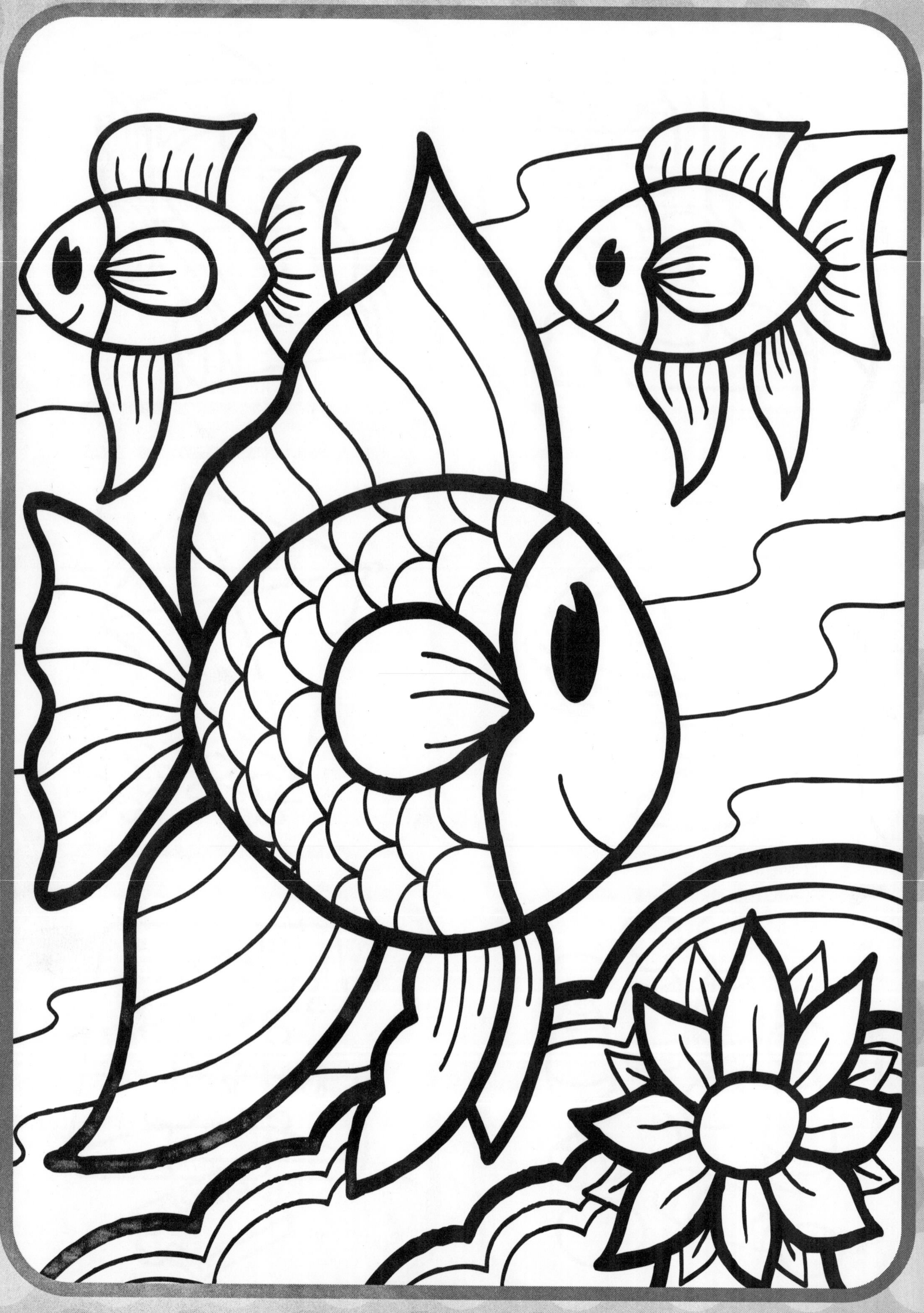

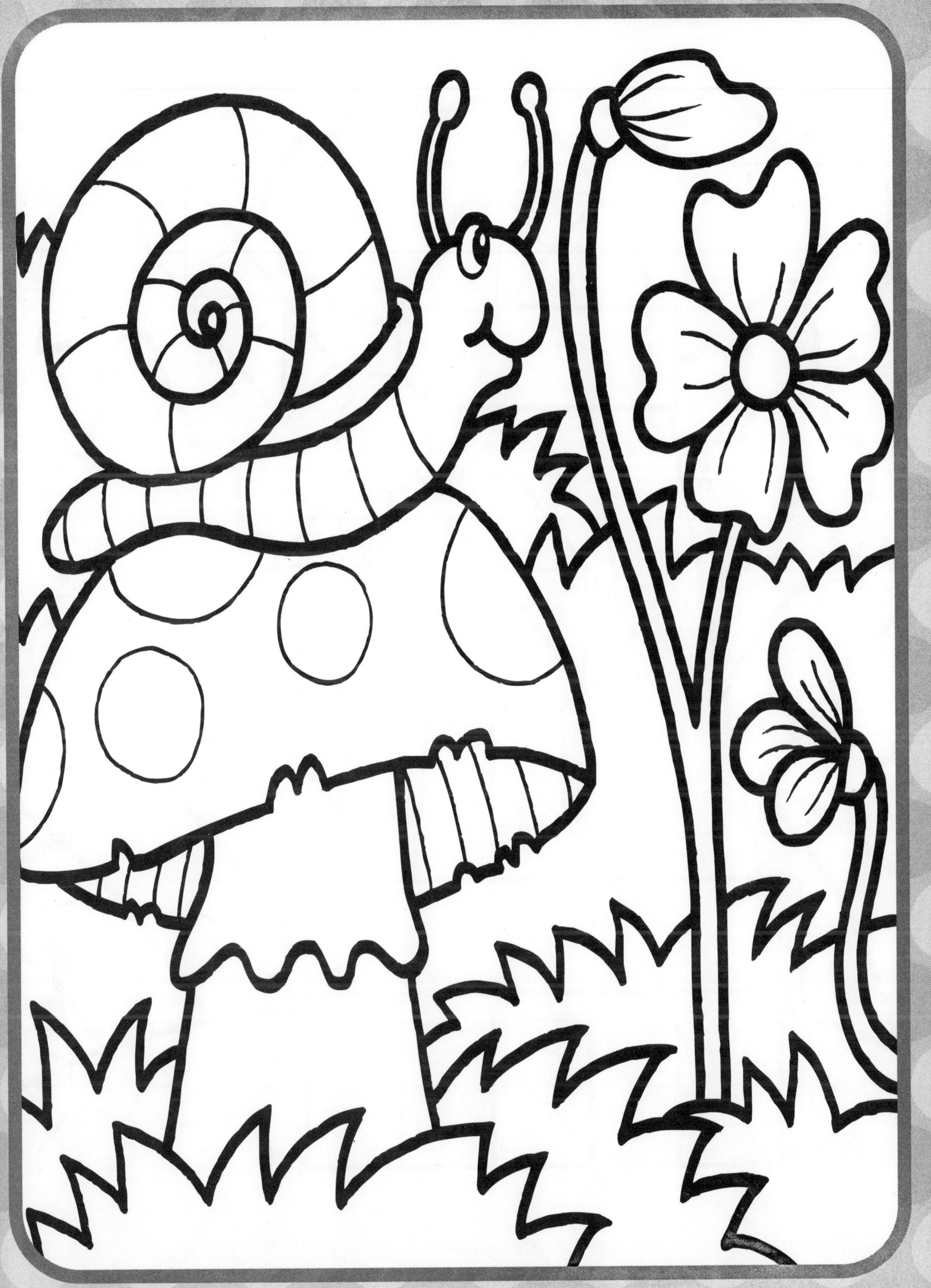

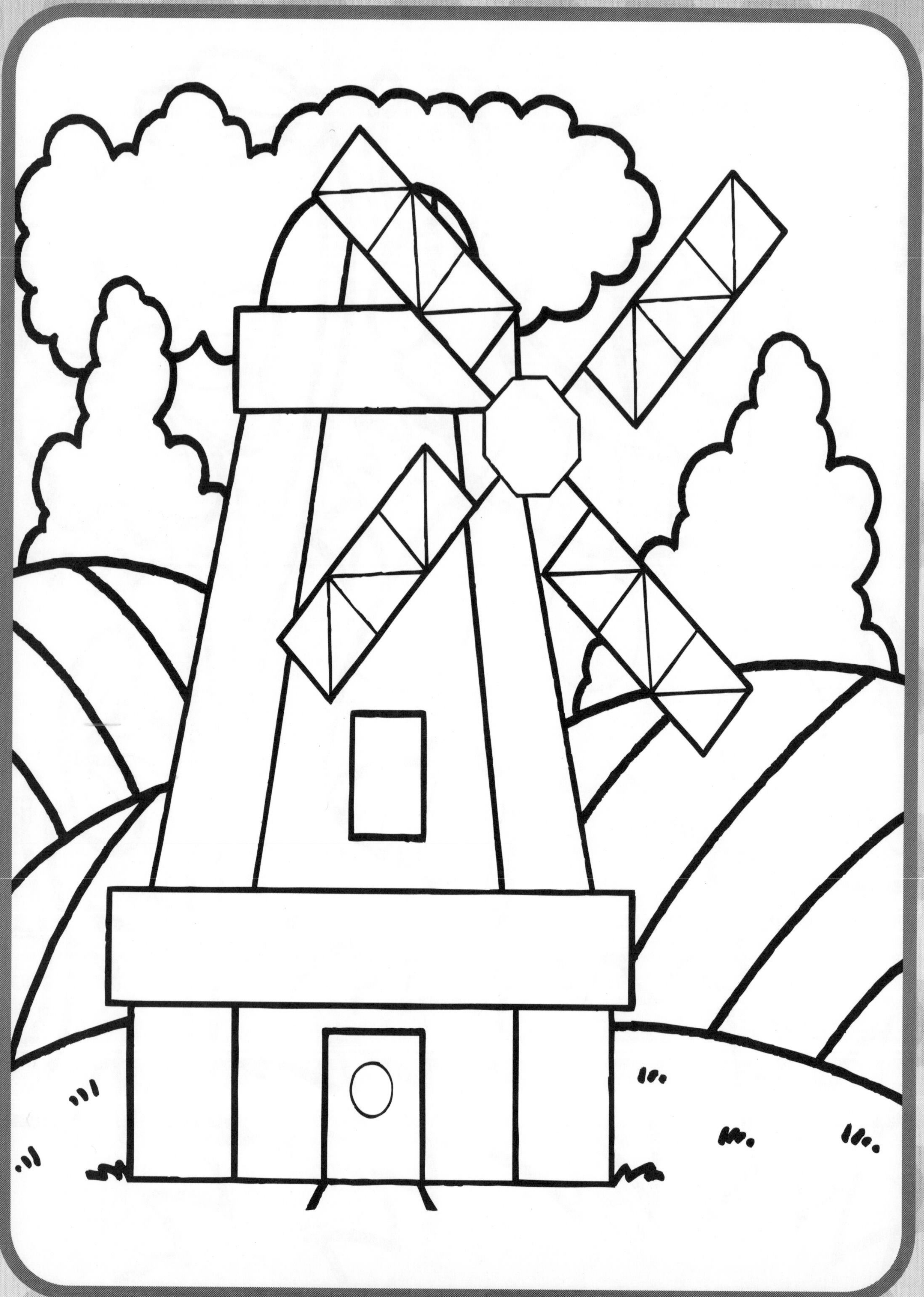

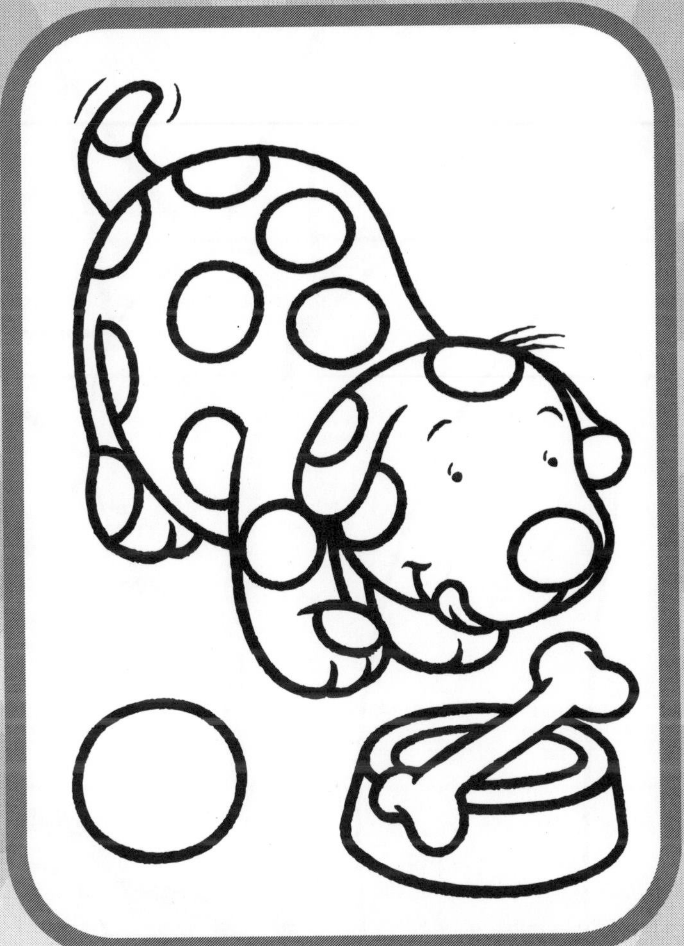
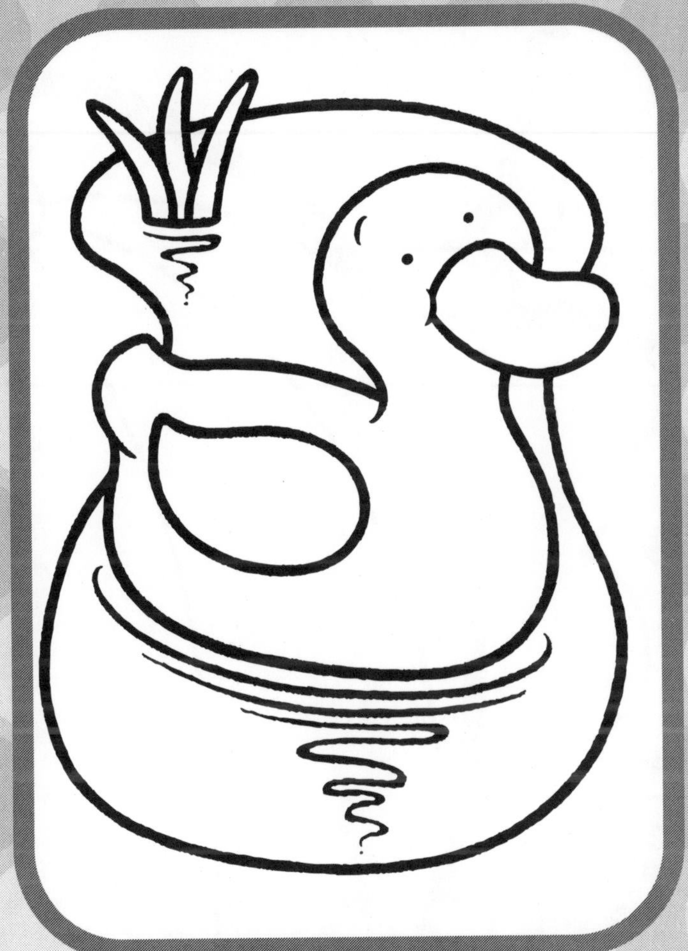
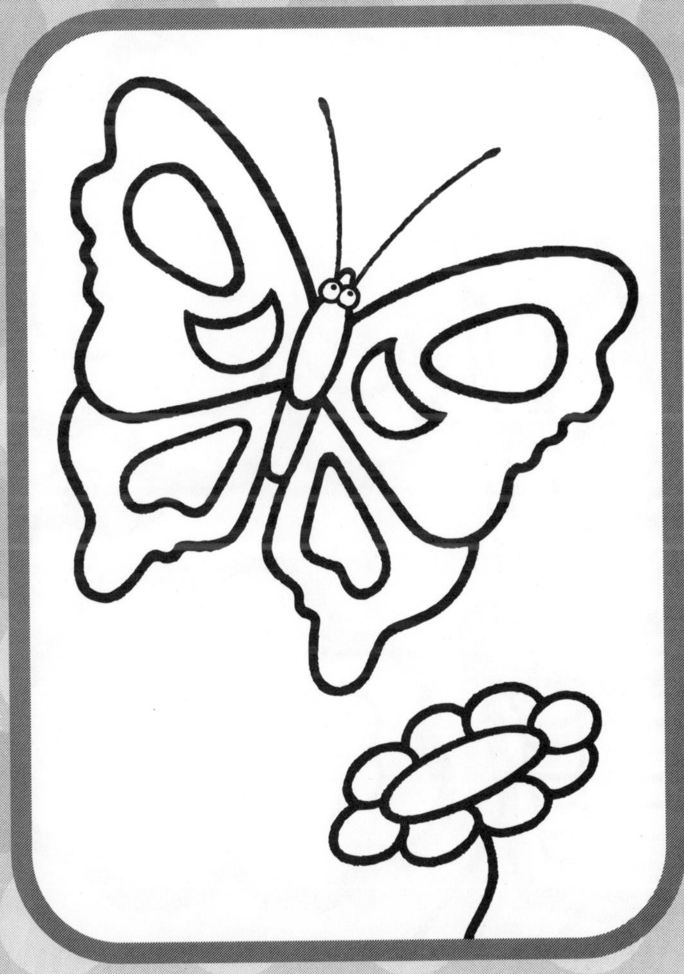
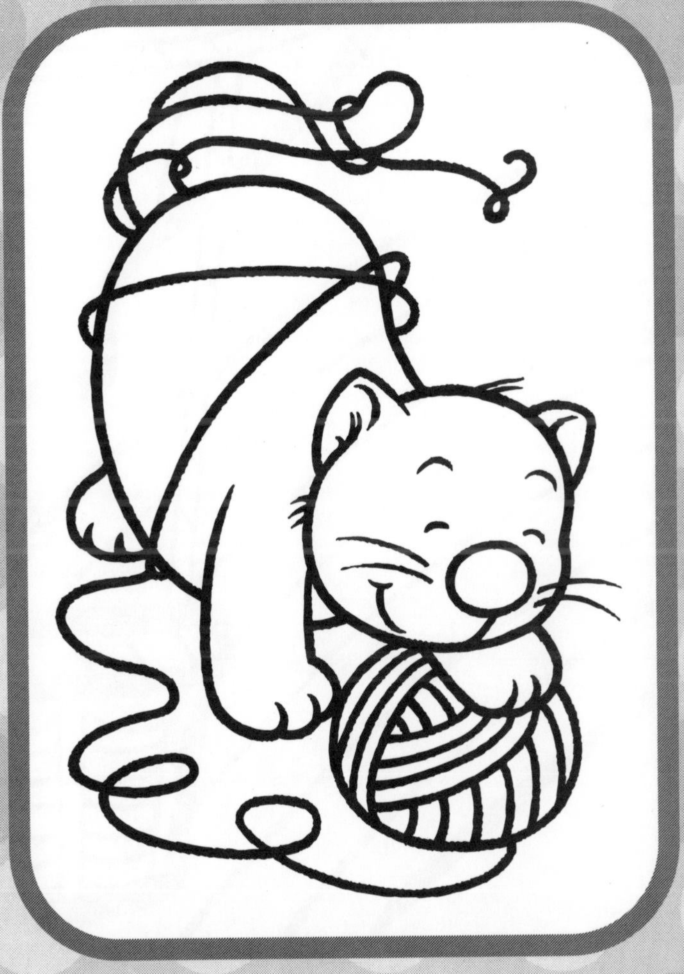

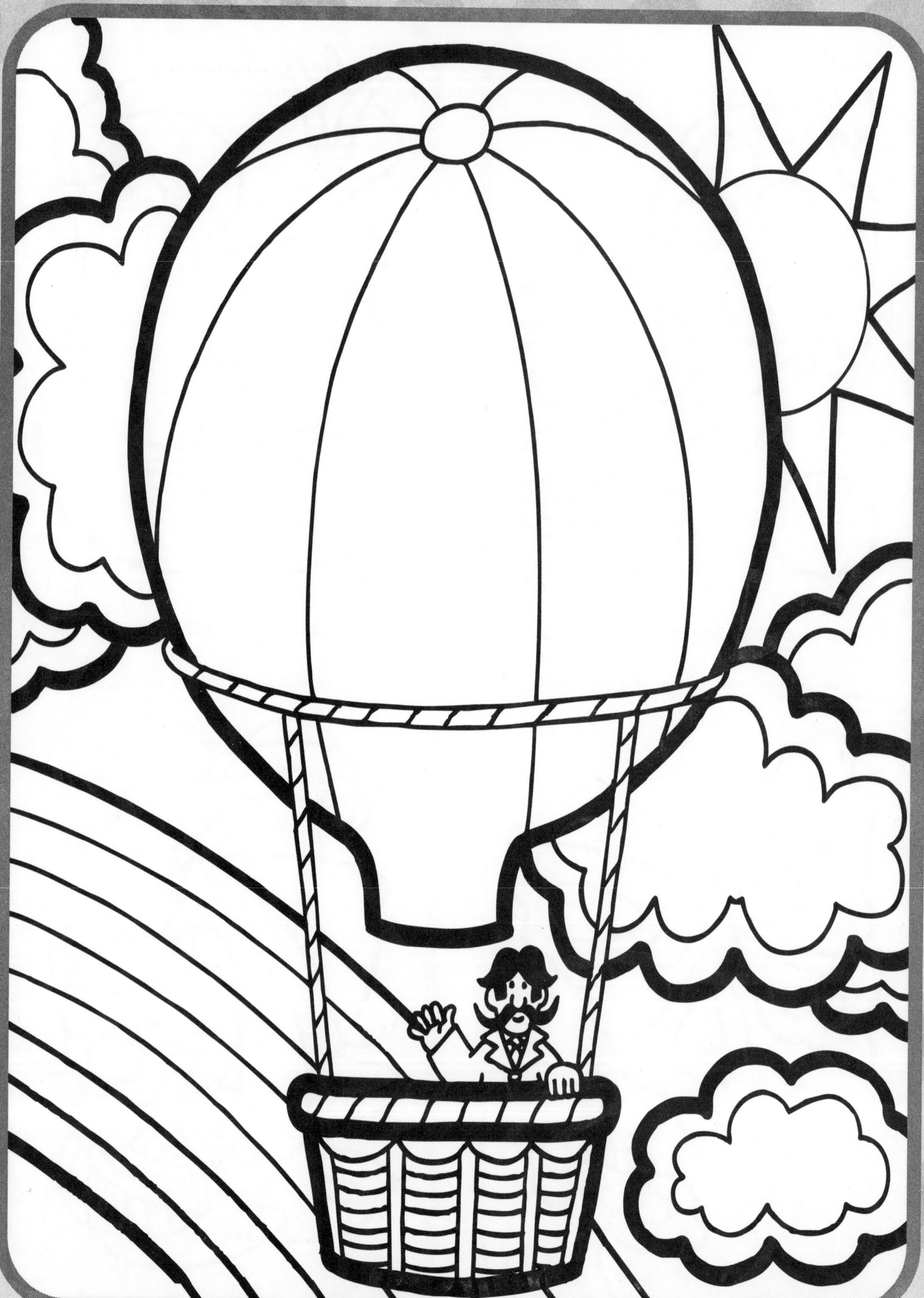

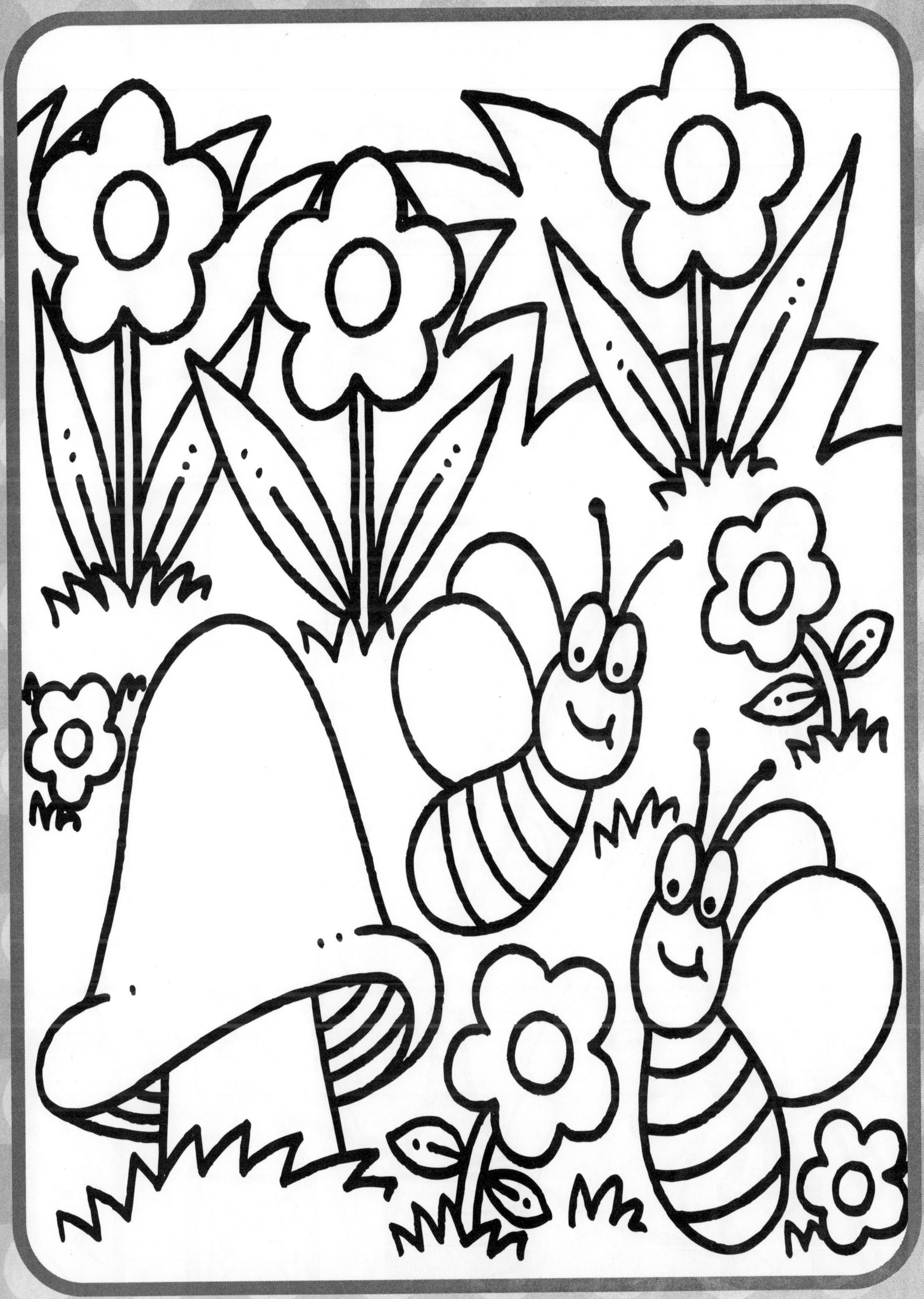

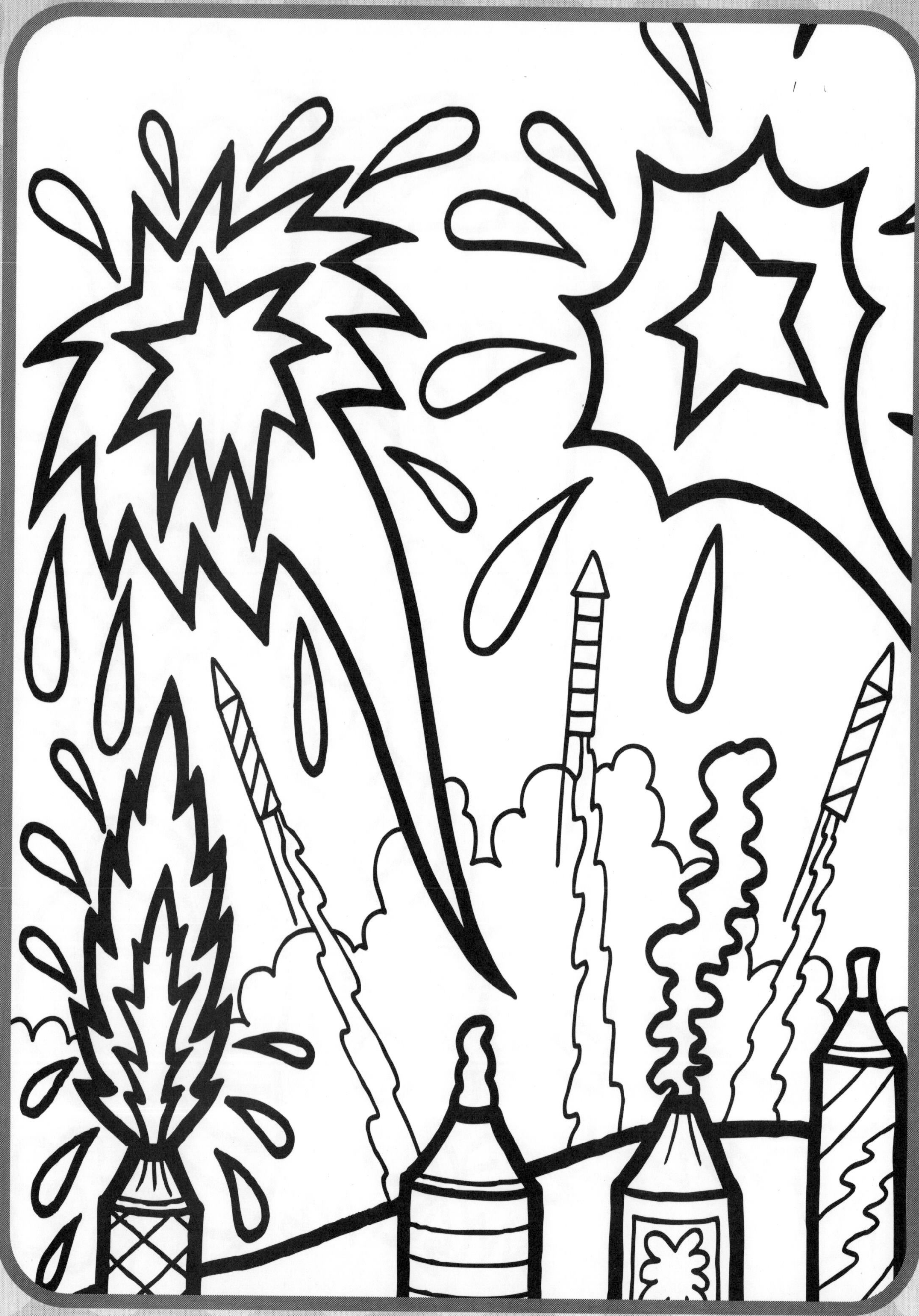

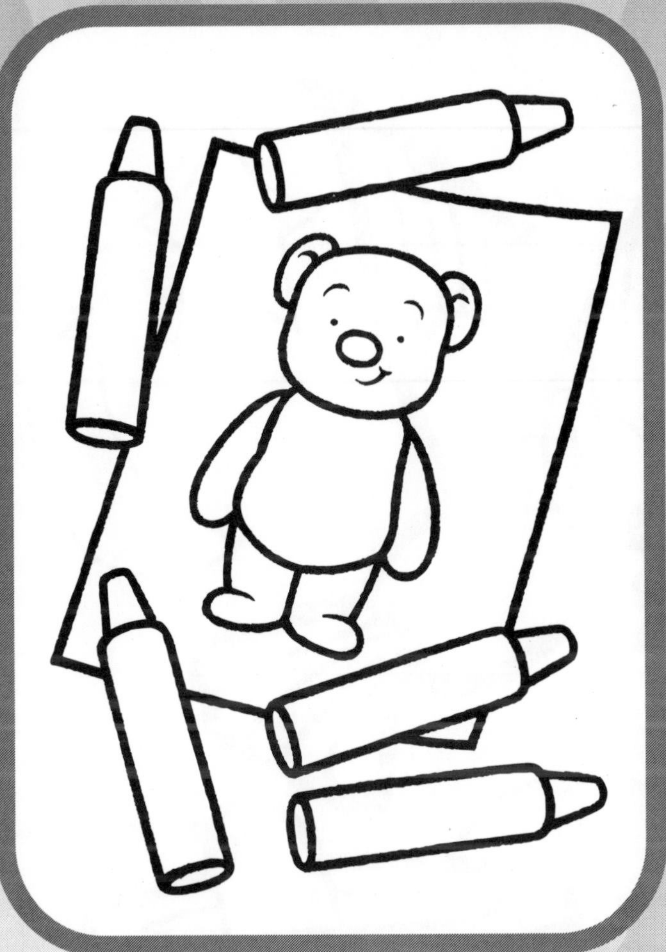

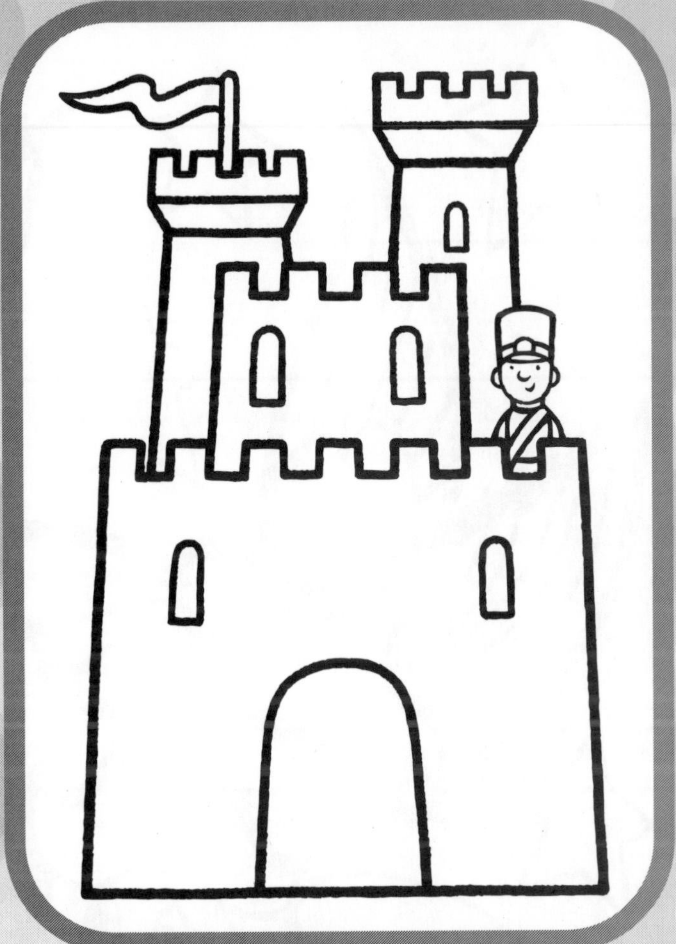

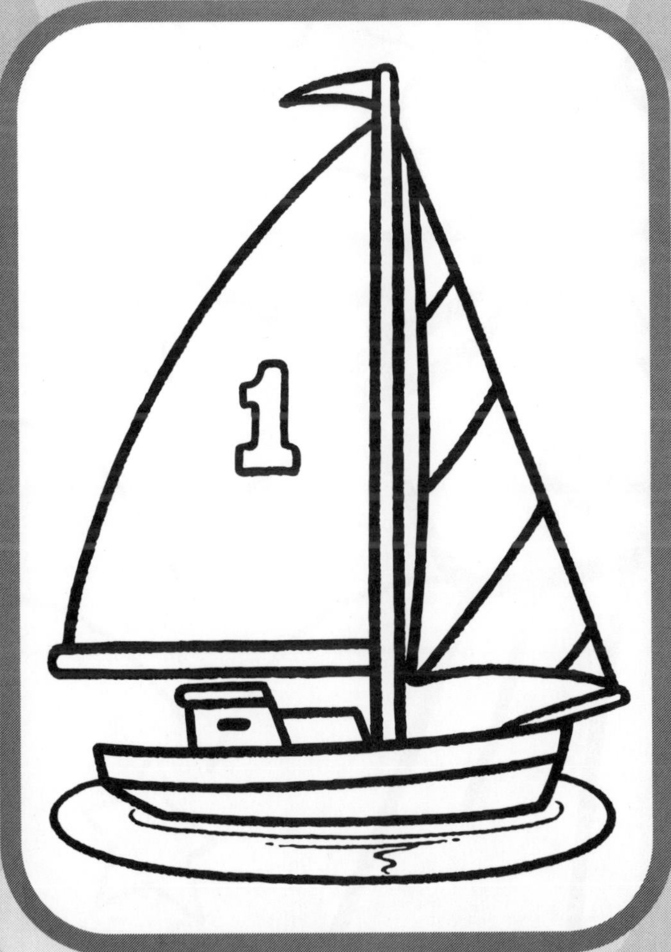
1

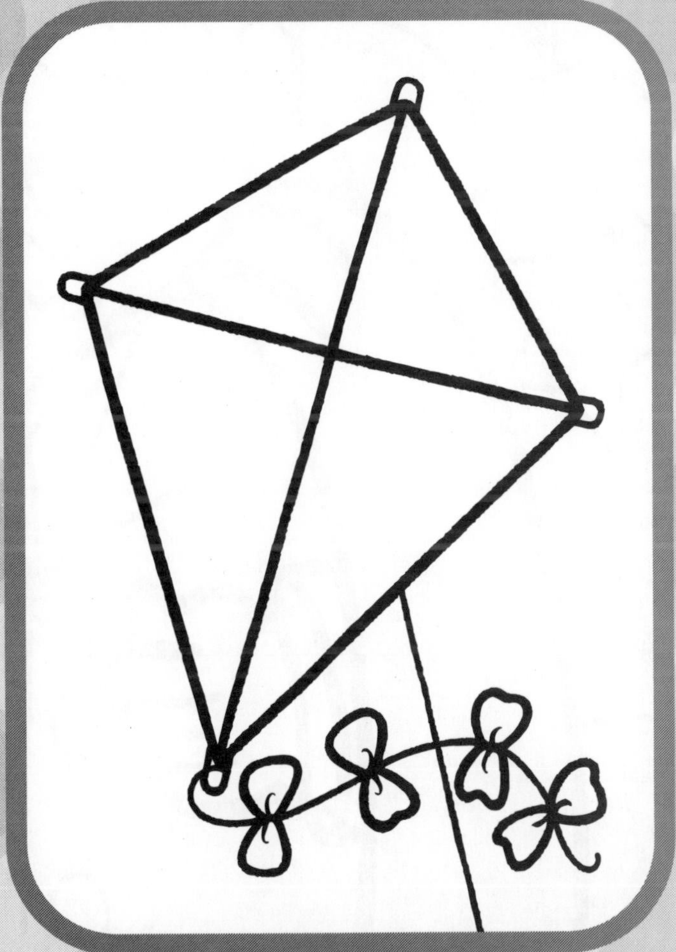

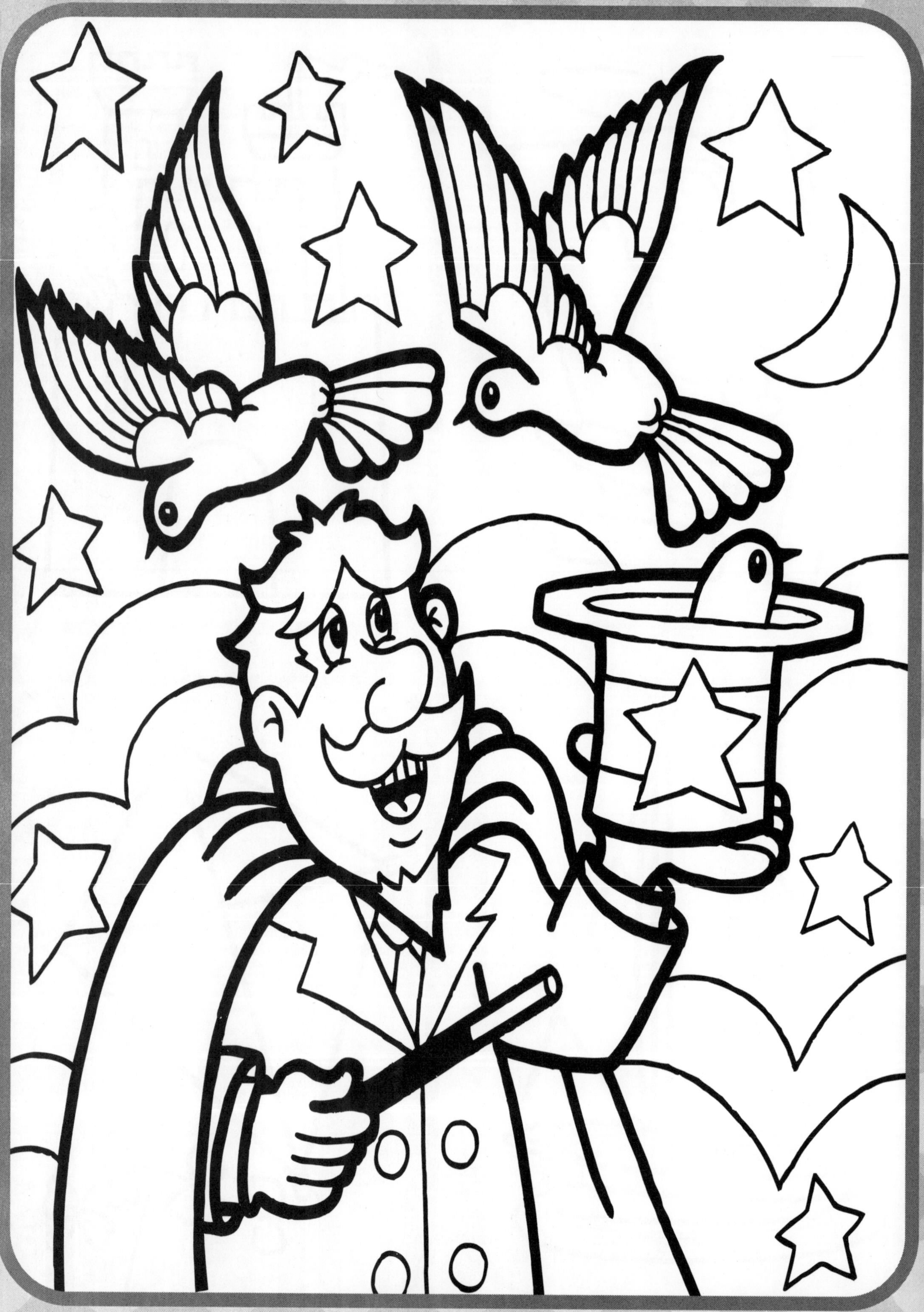

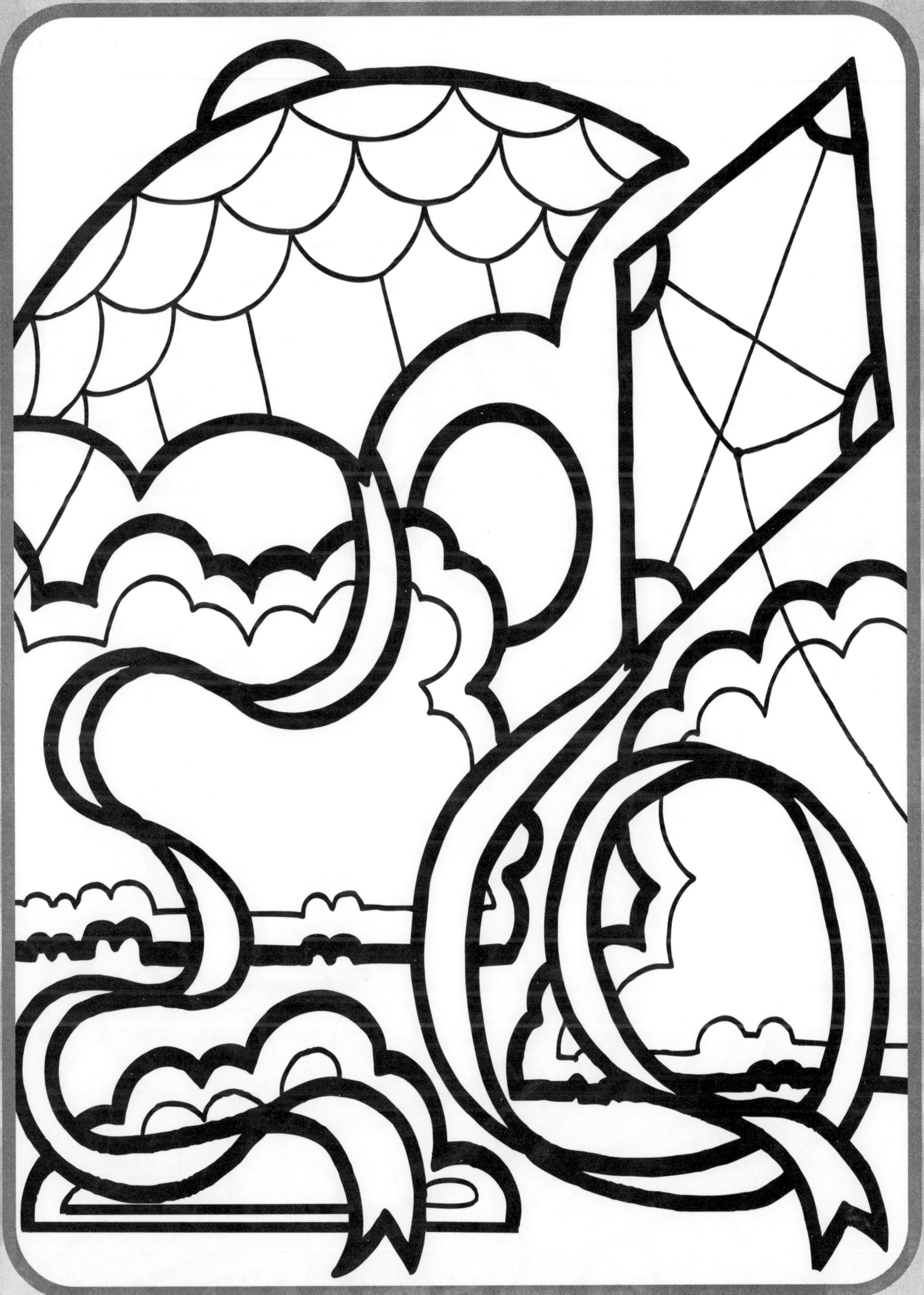

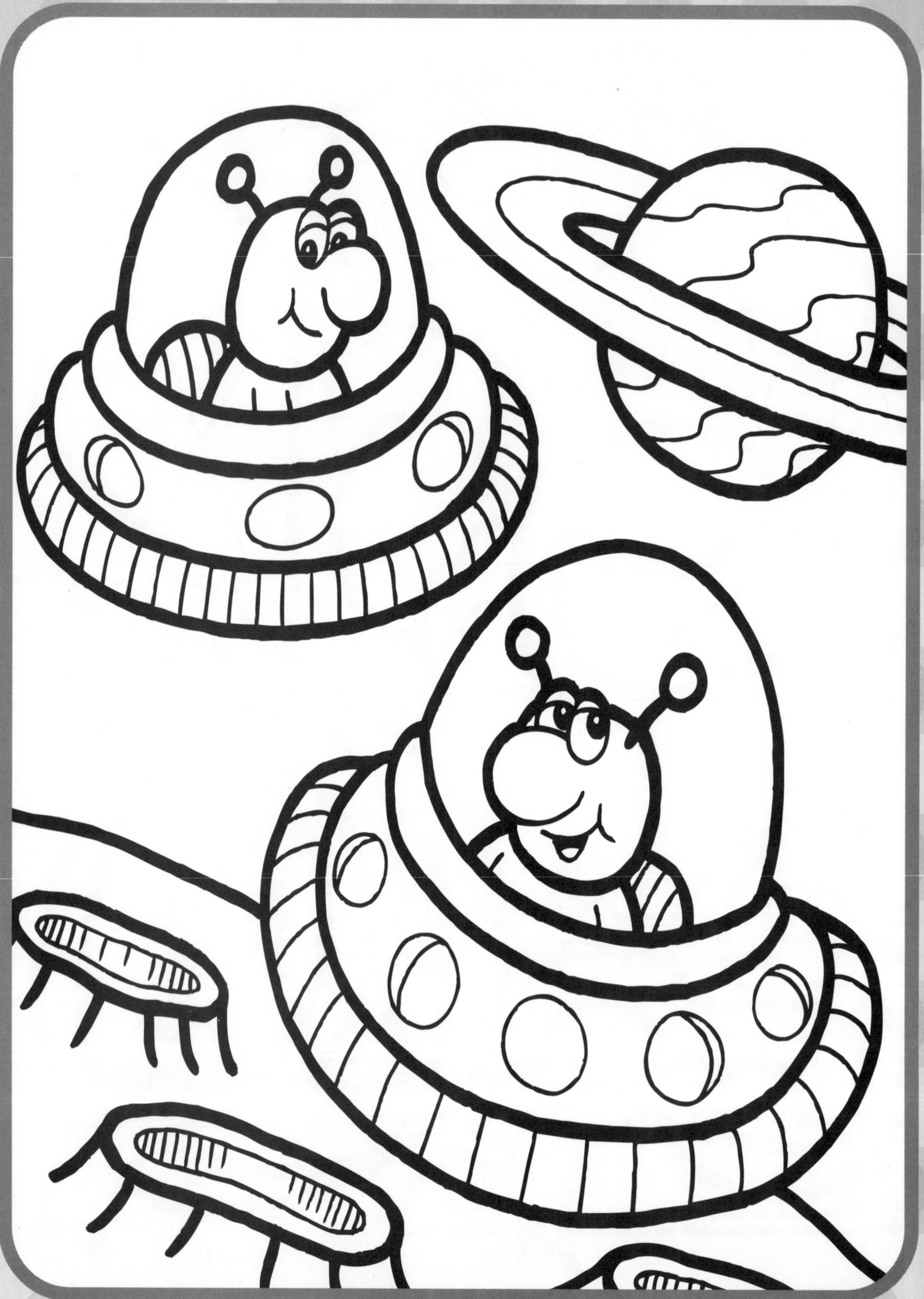

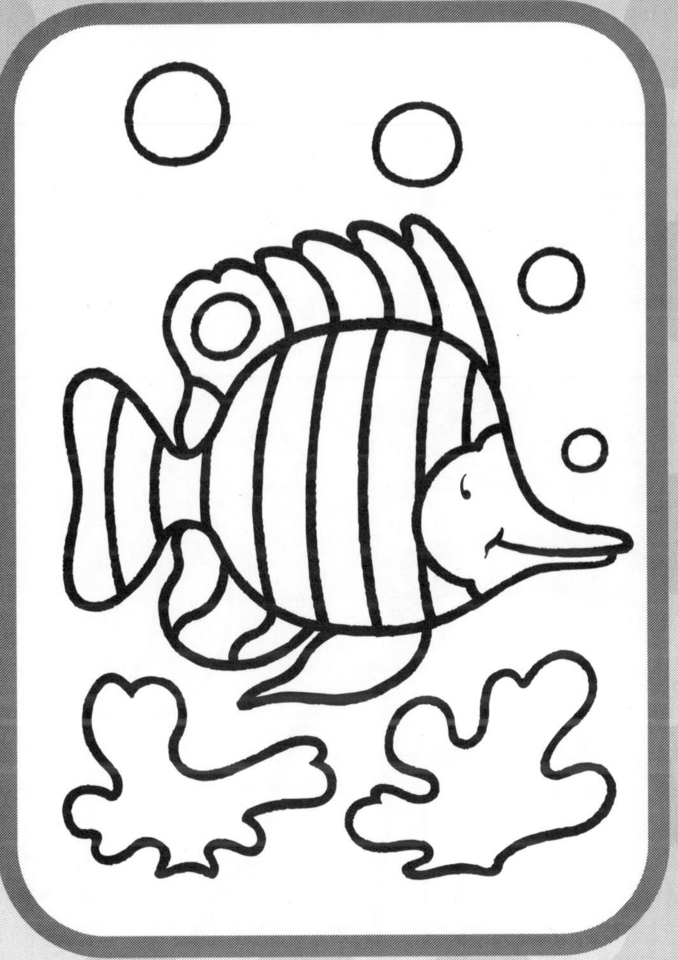
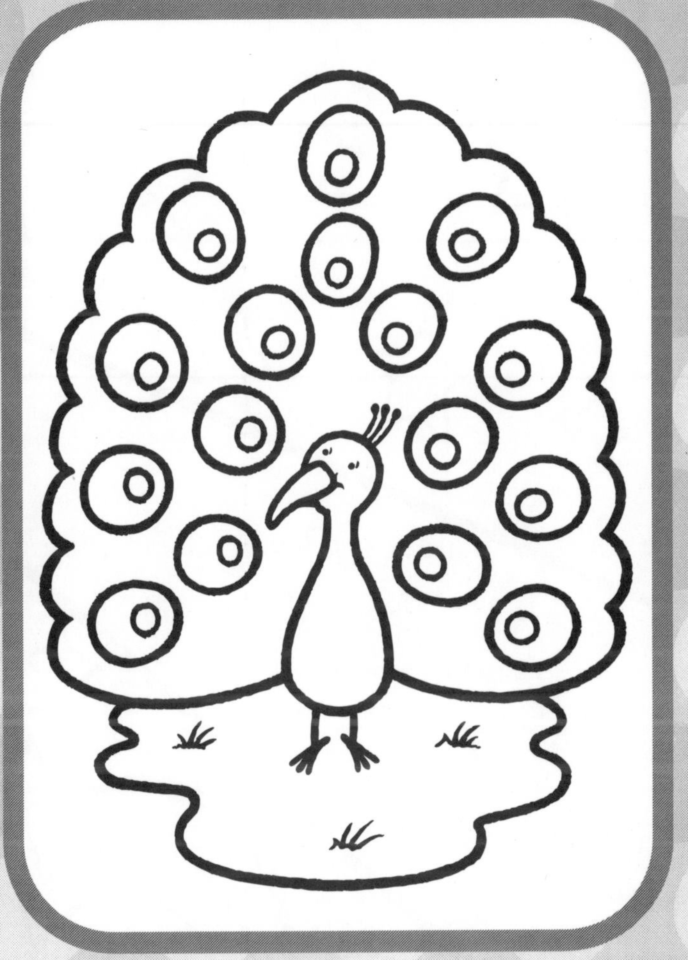
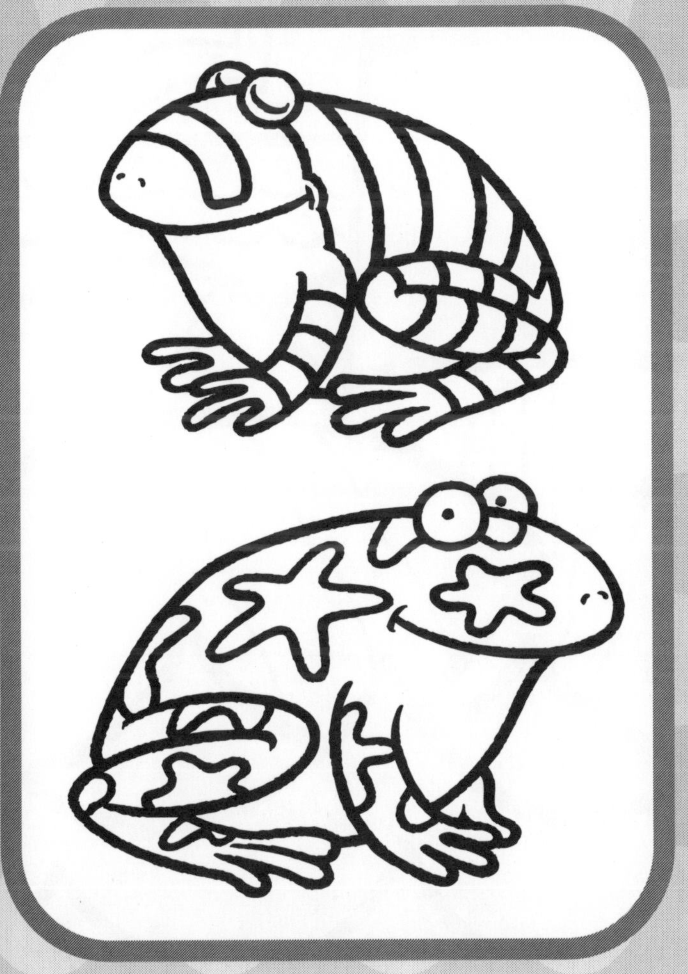
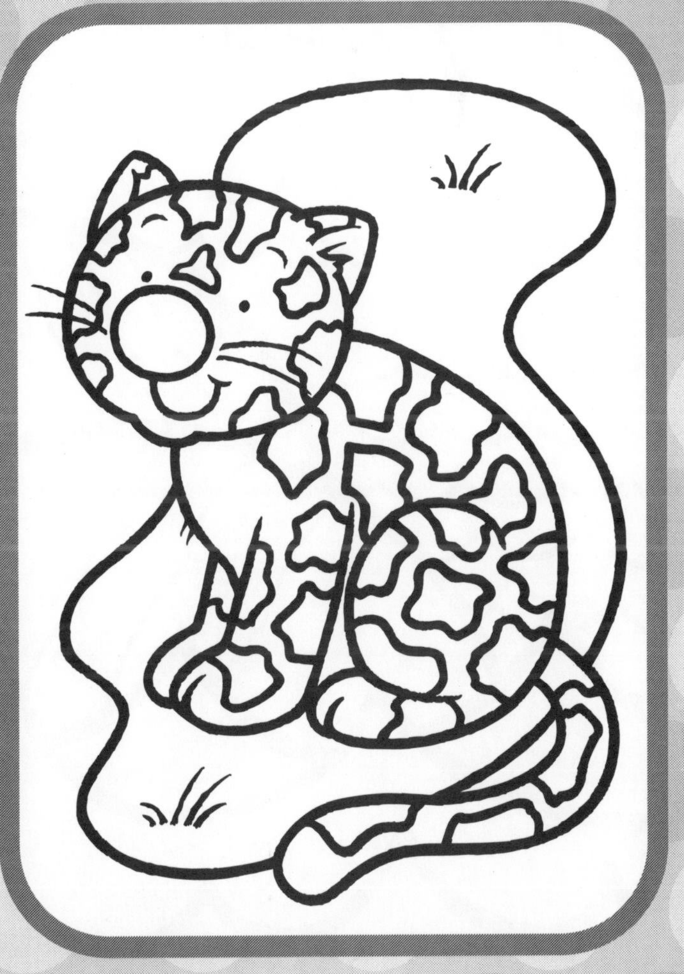

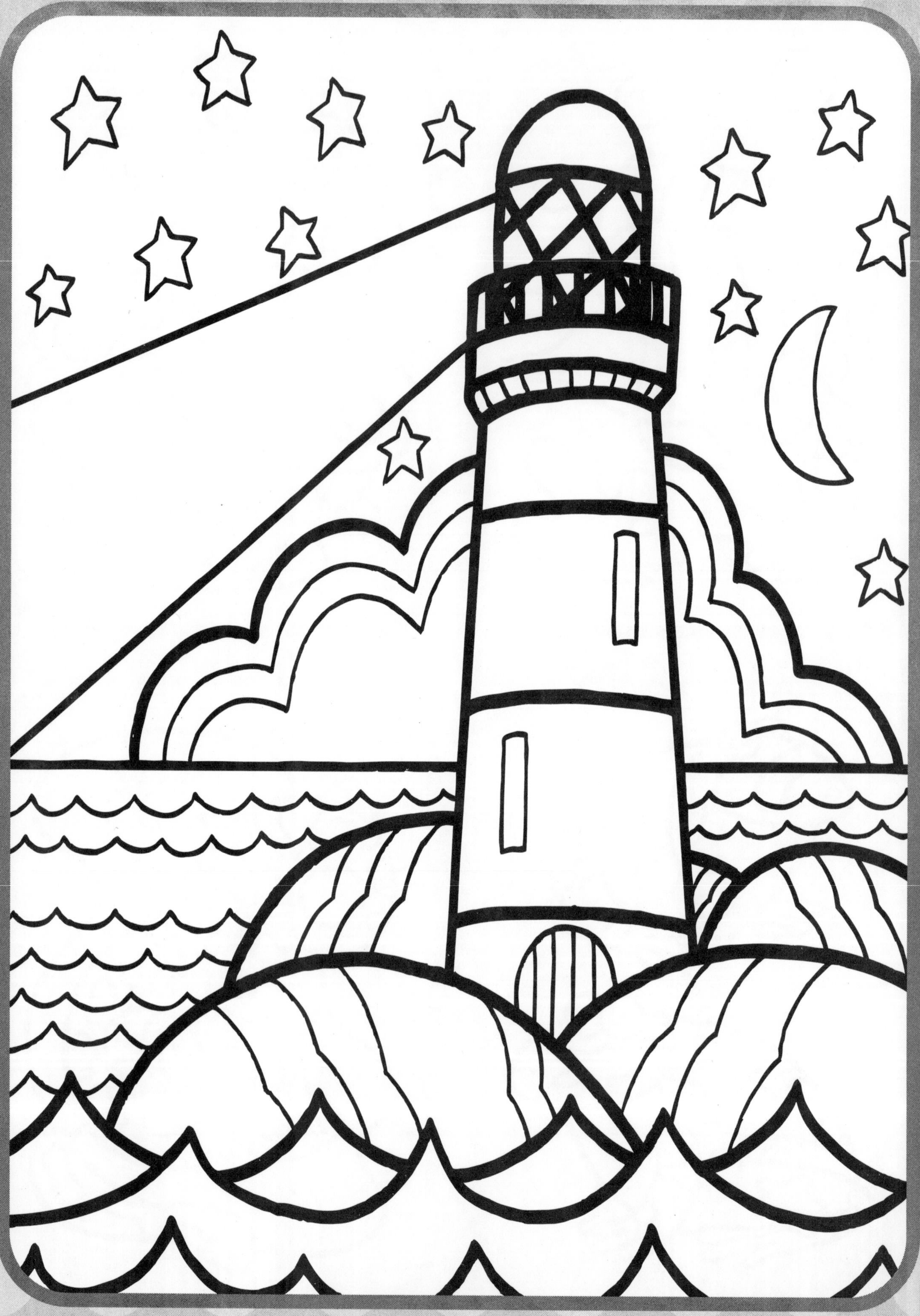

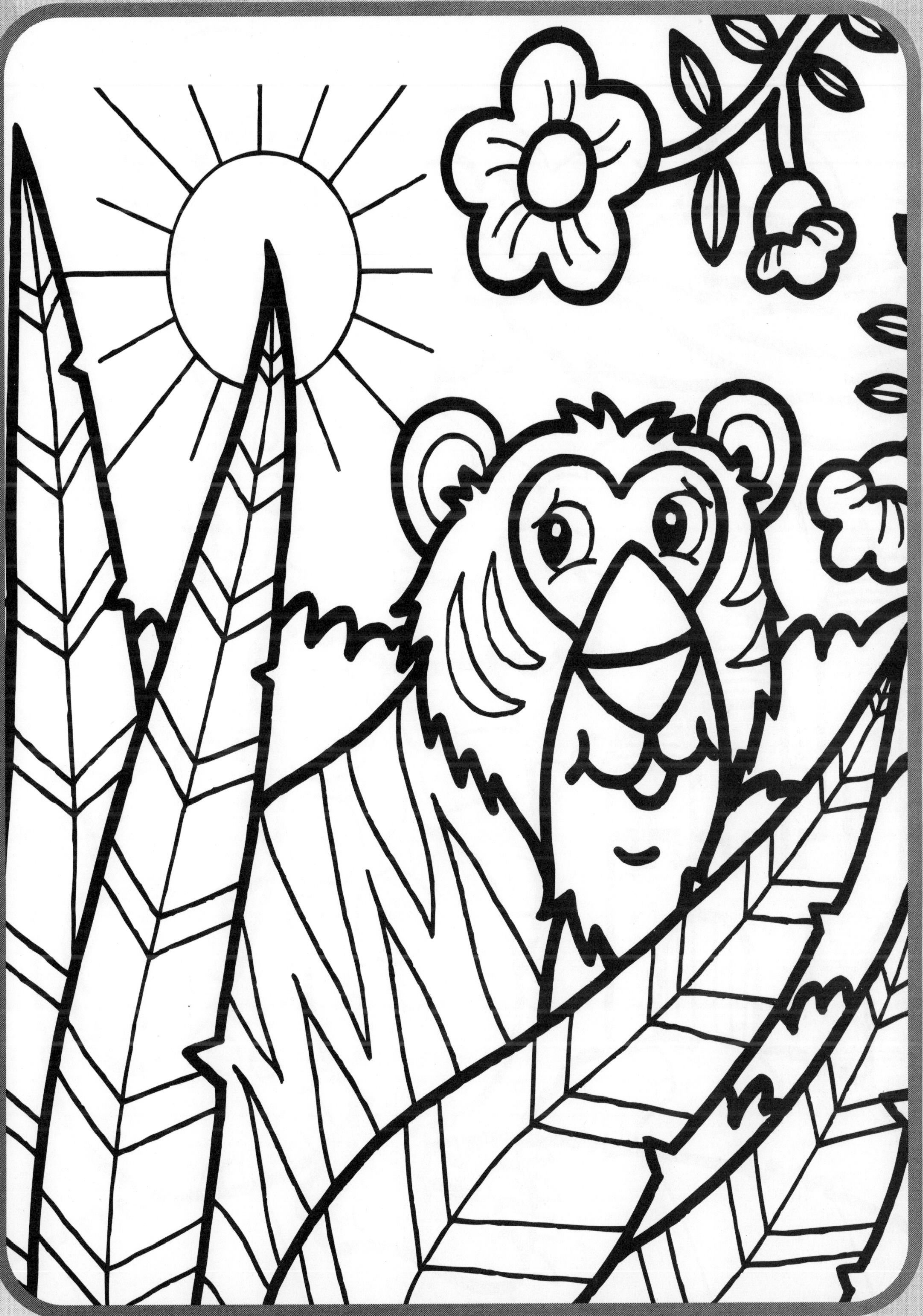

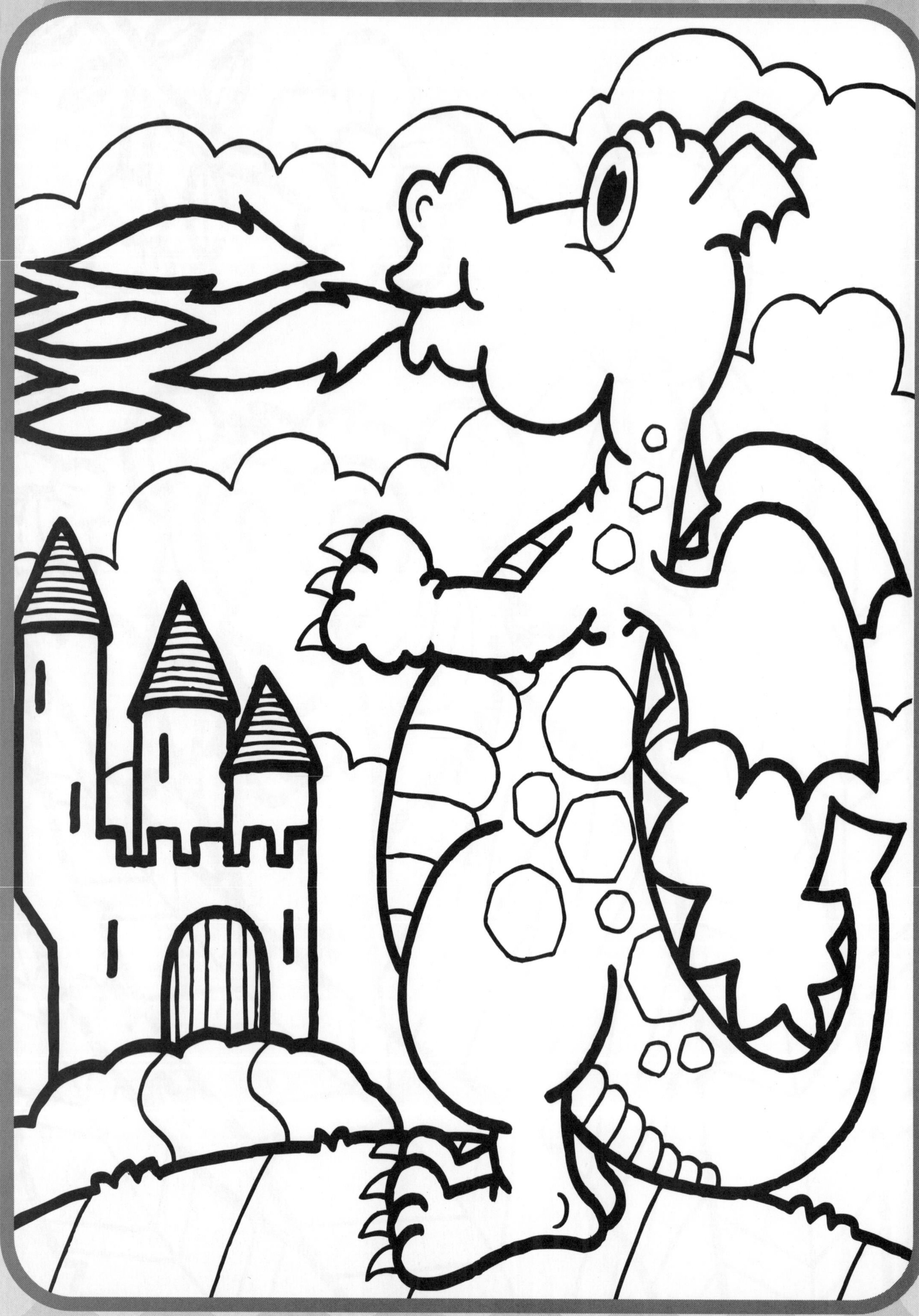

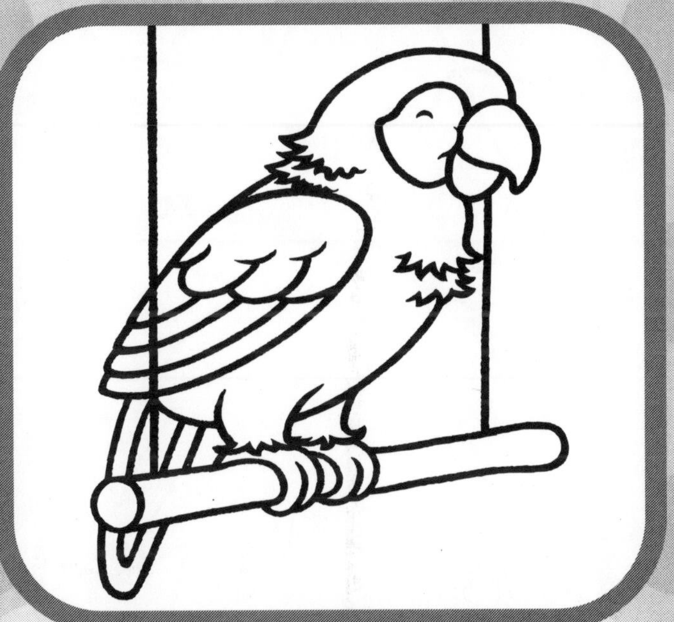
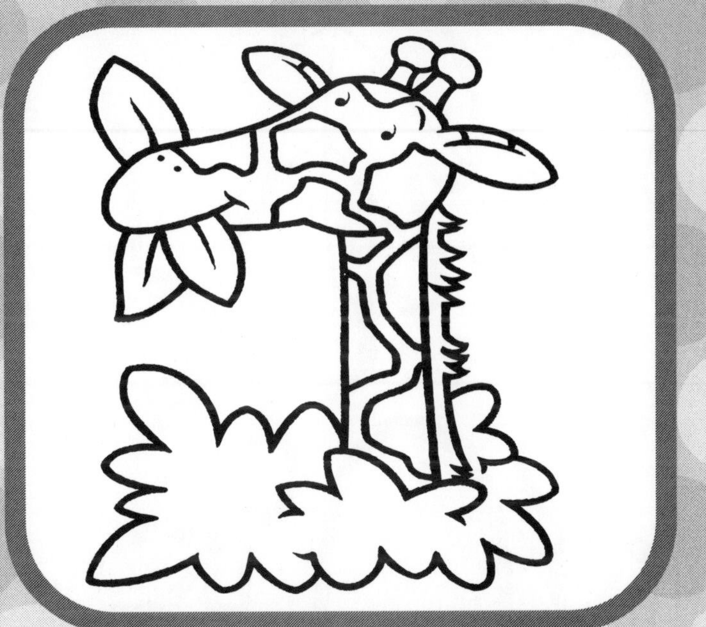
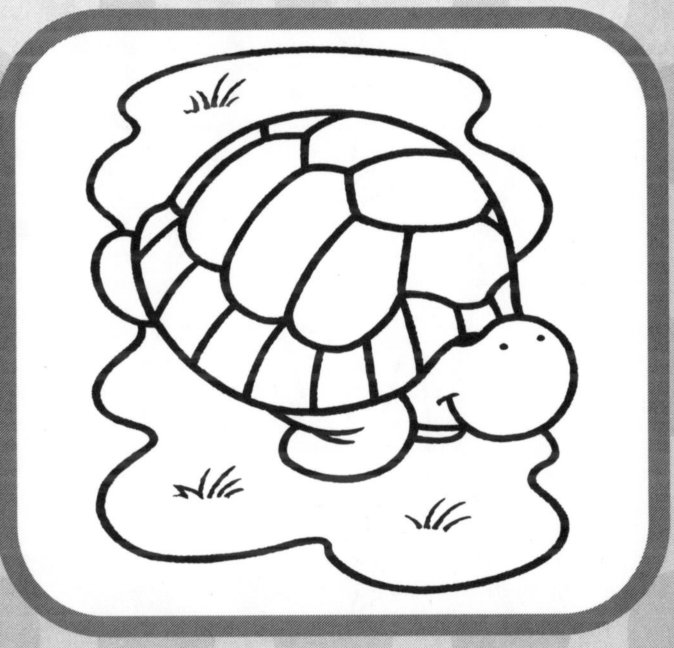
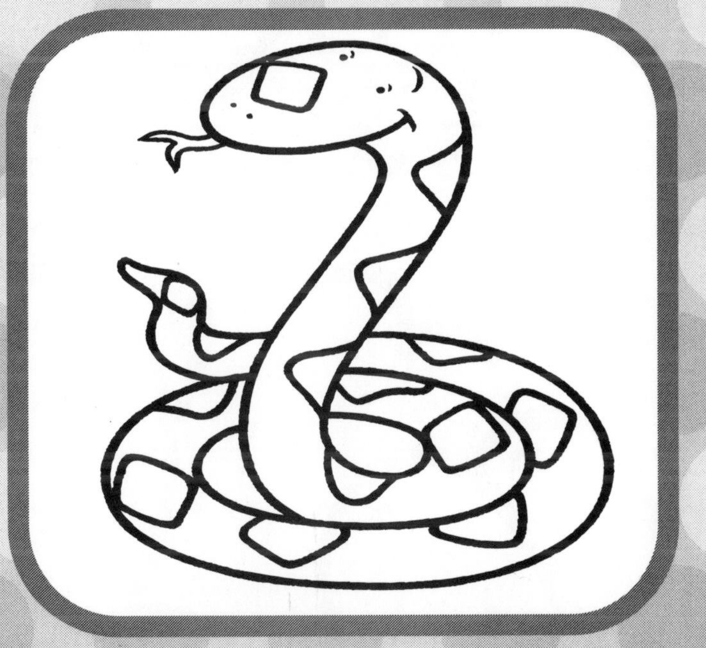
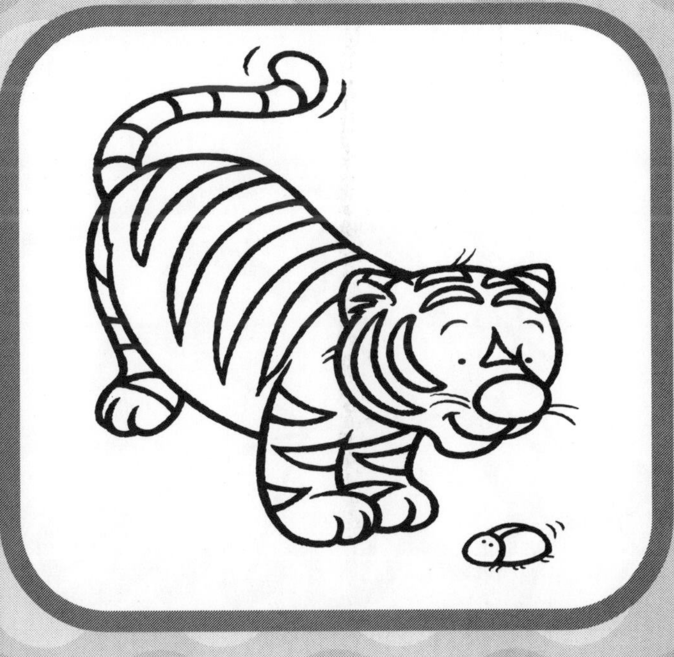
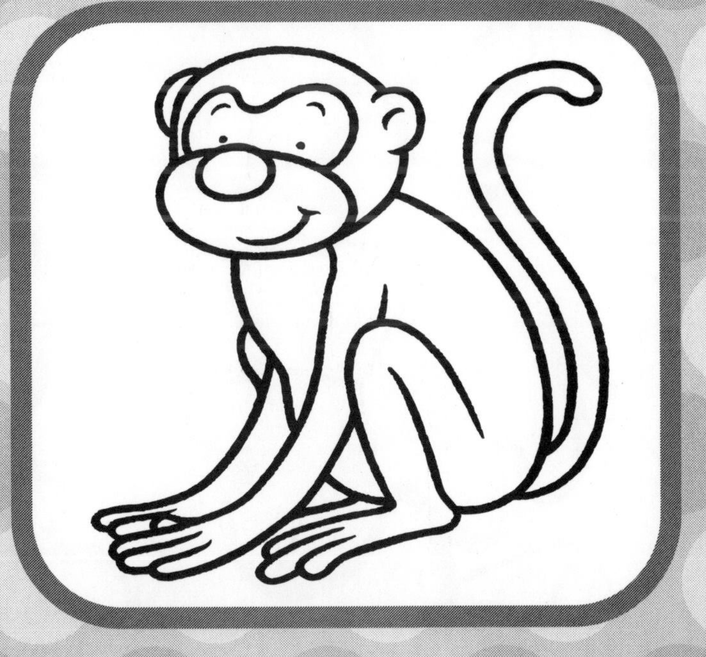

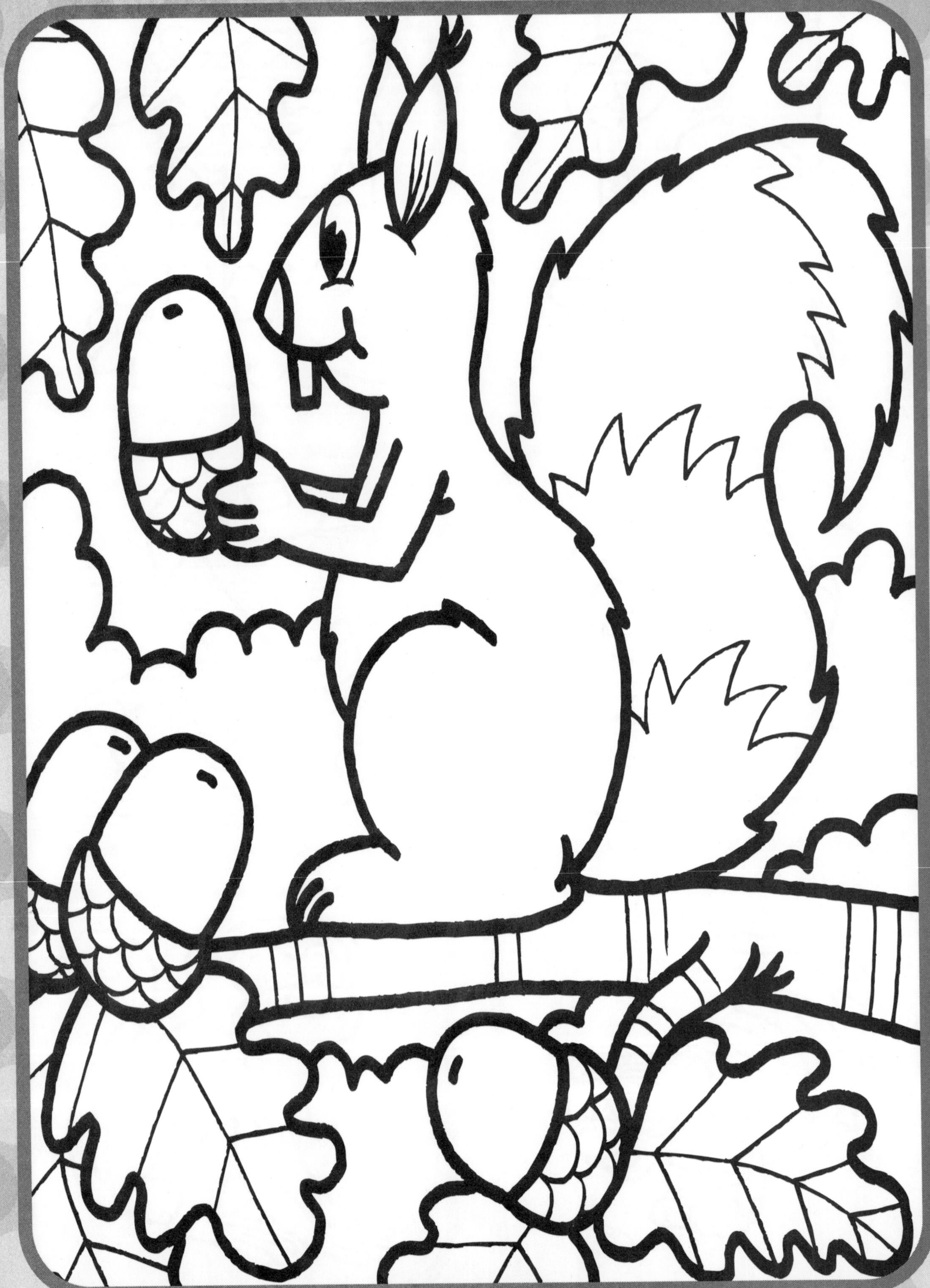

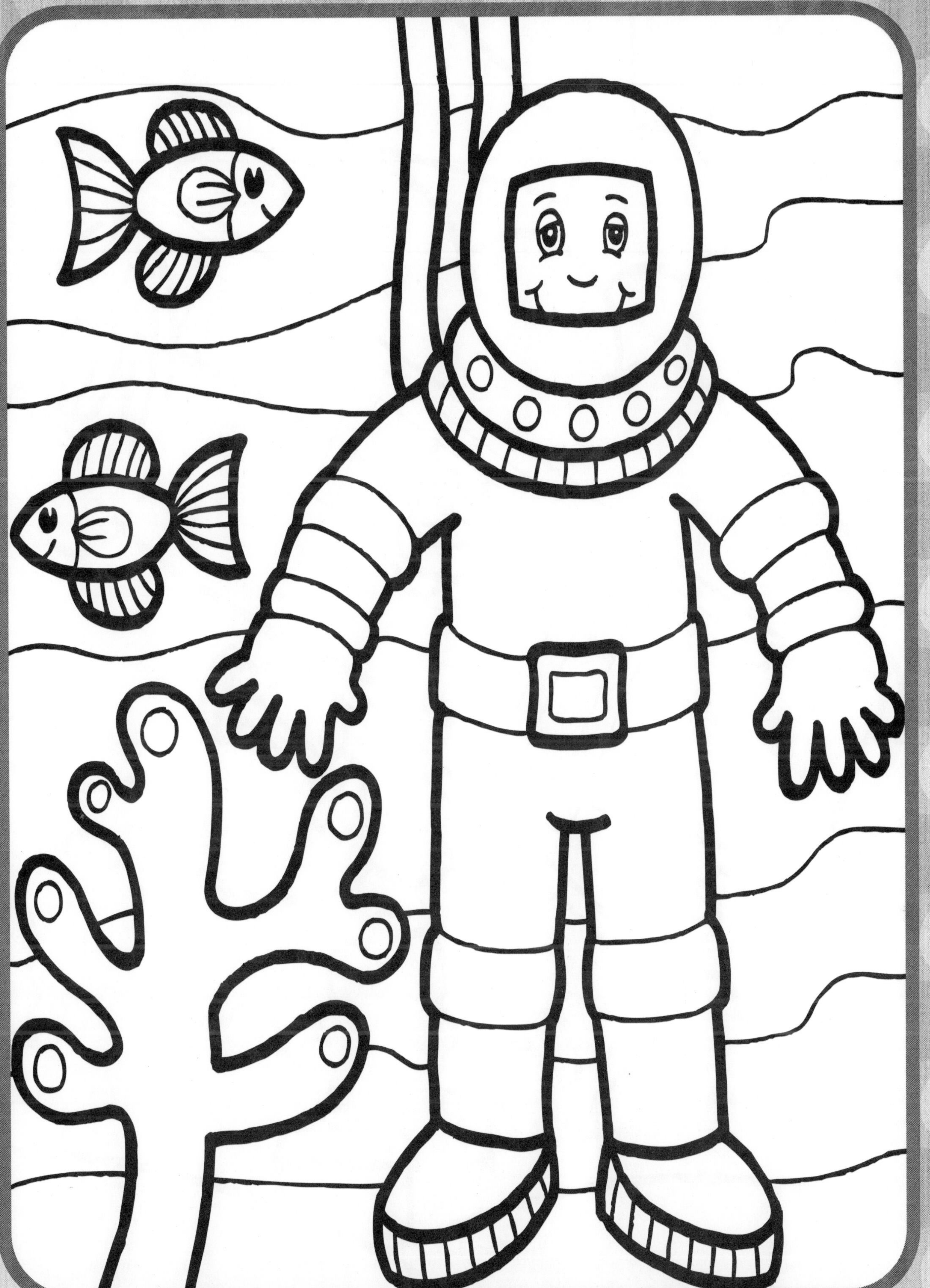

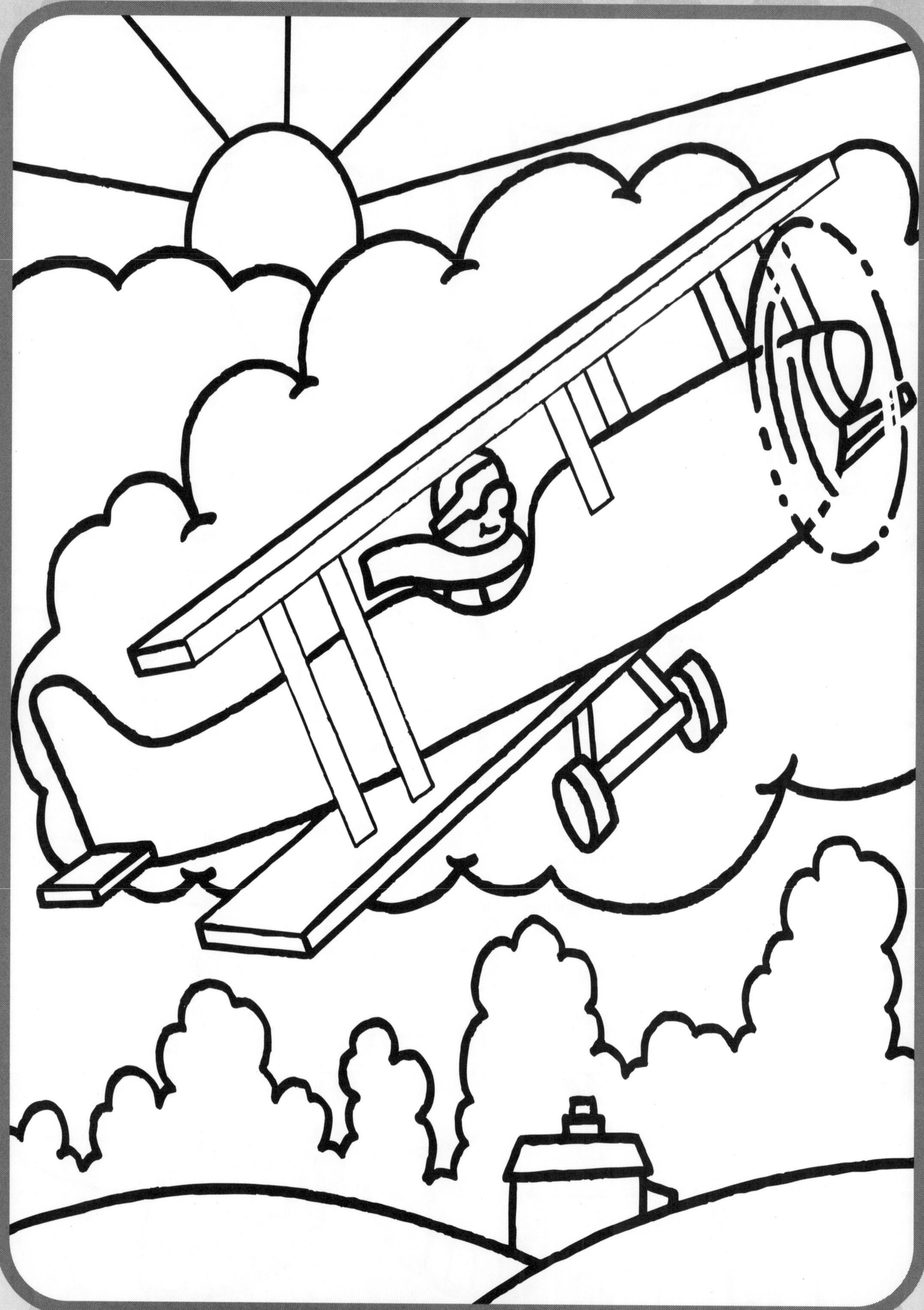

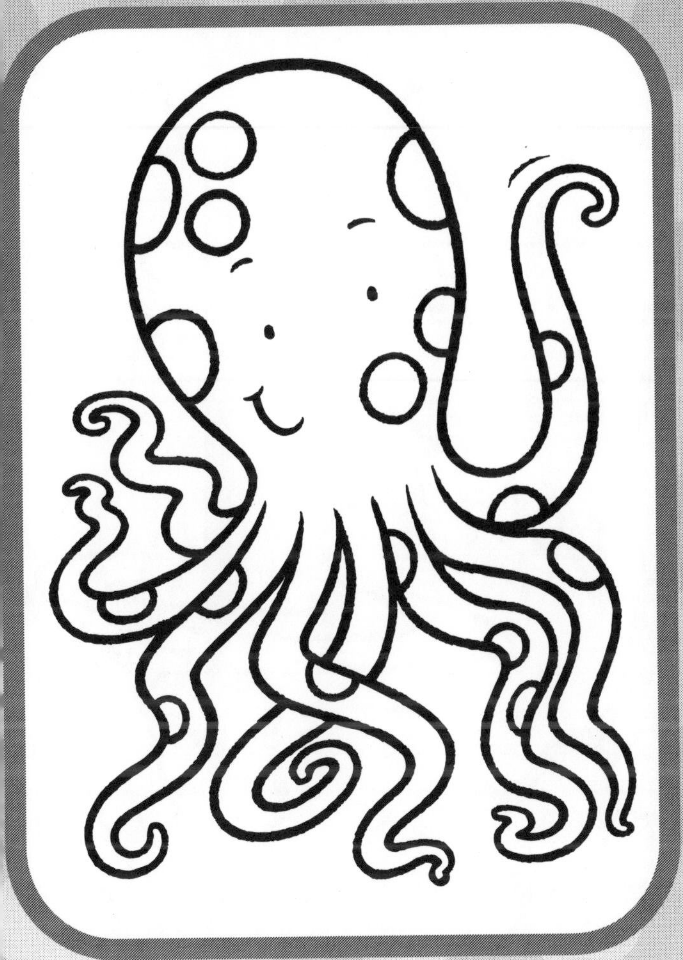
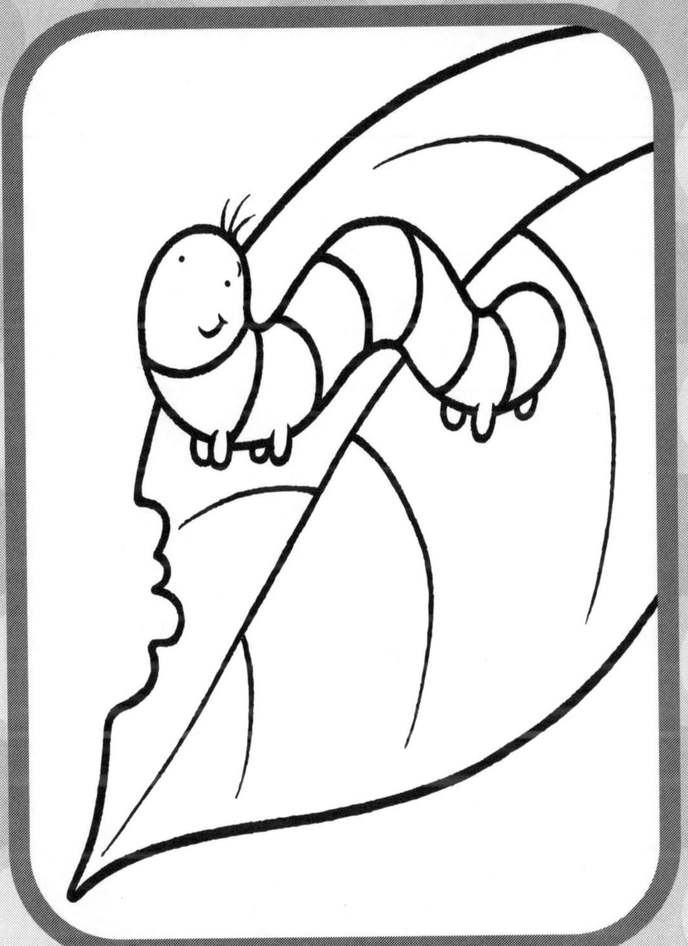
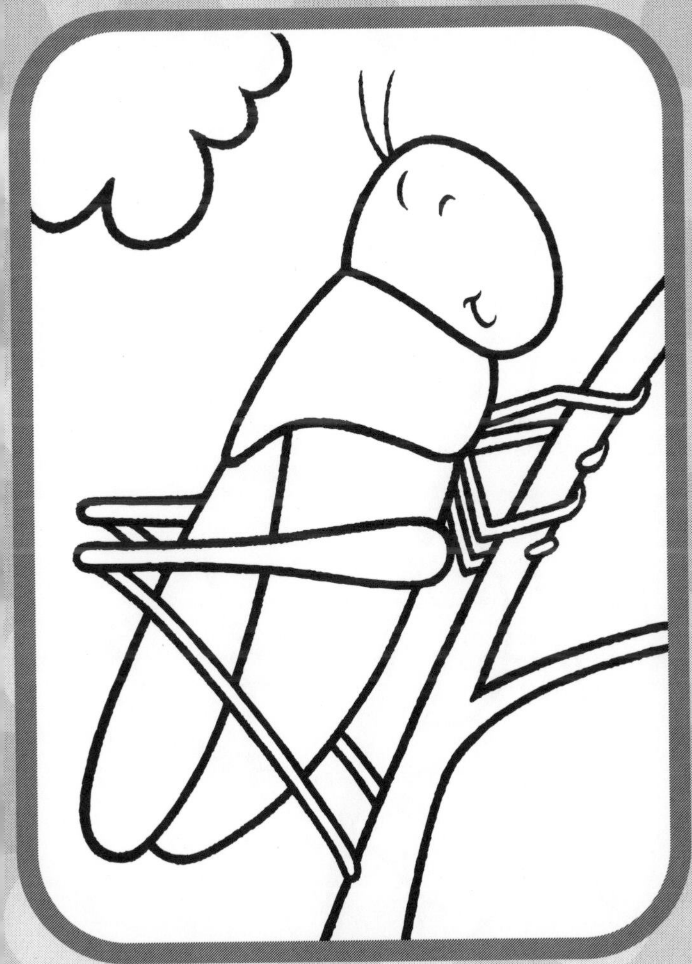
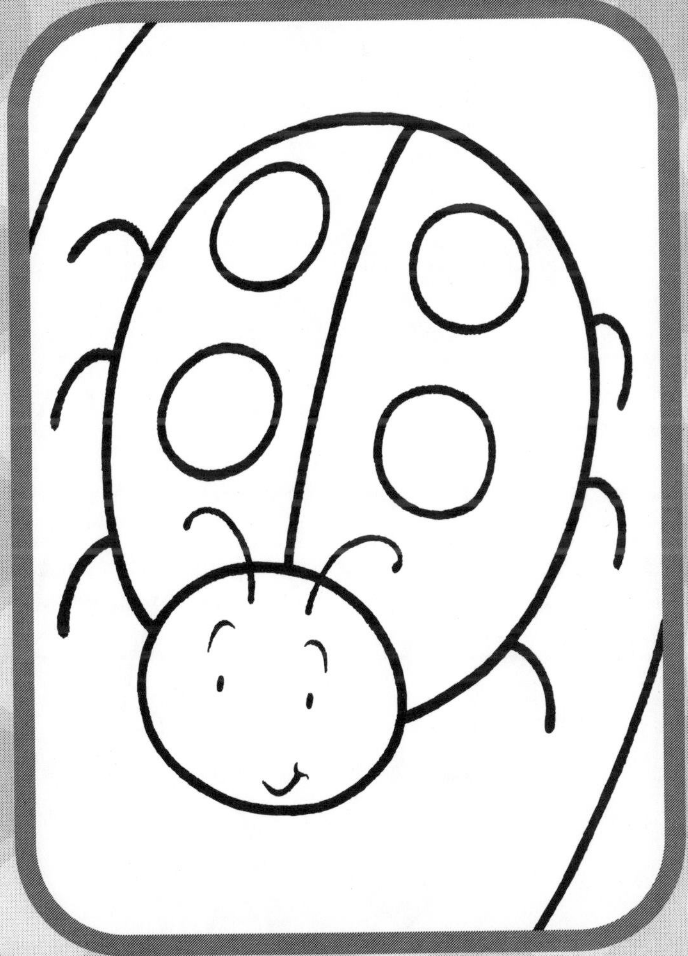

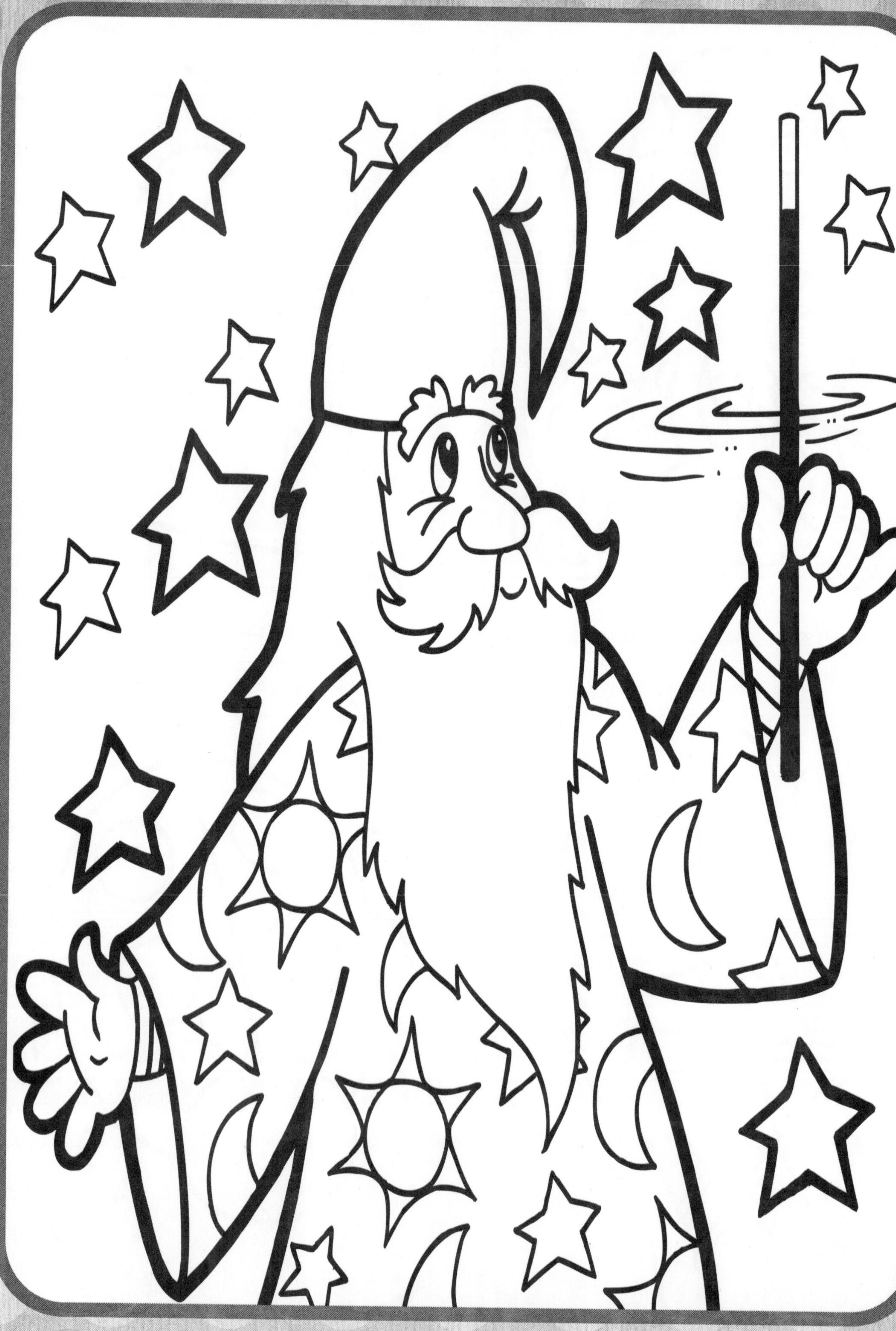

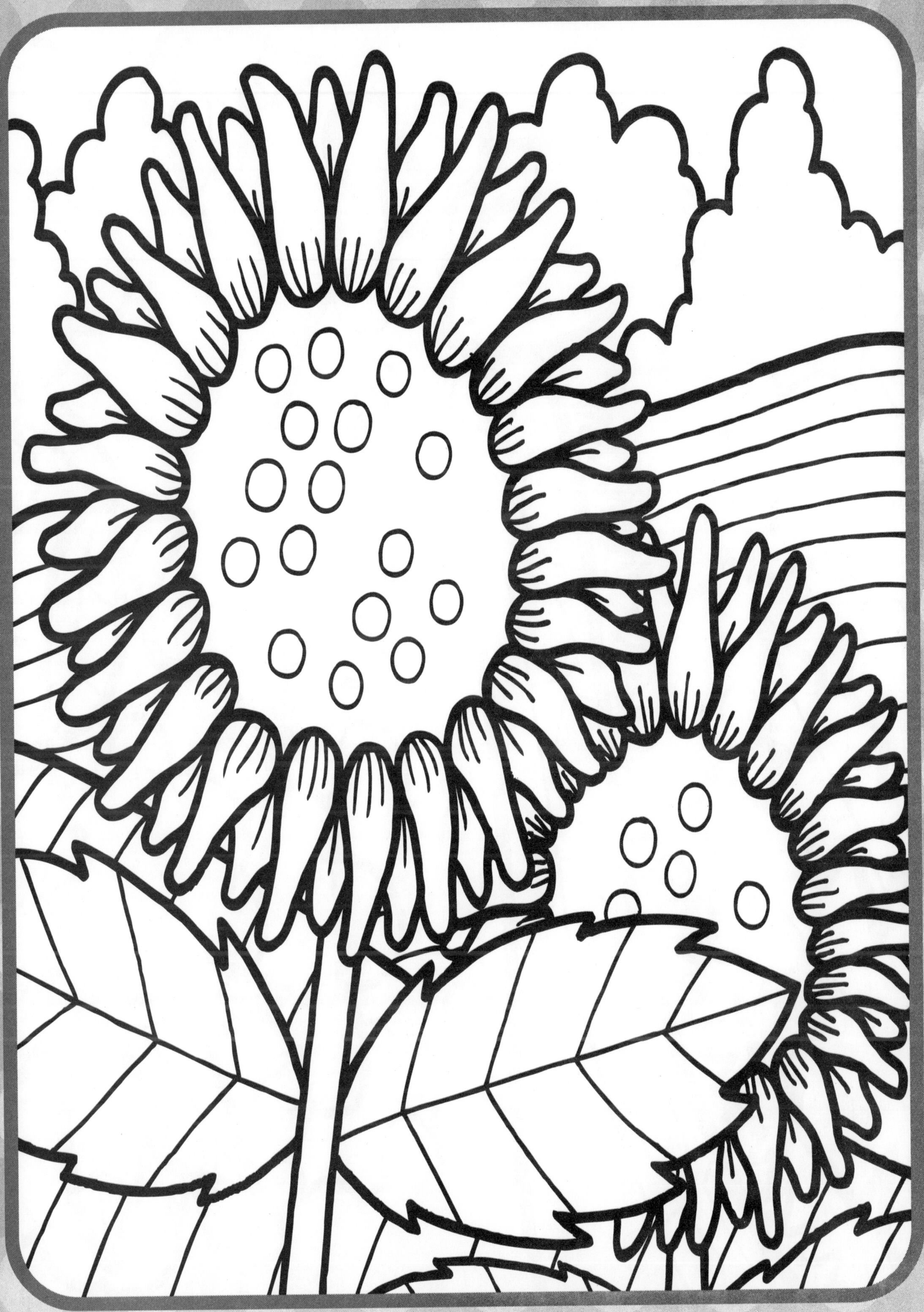

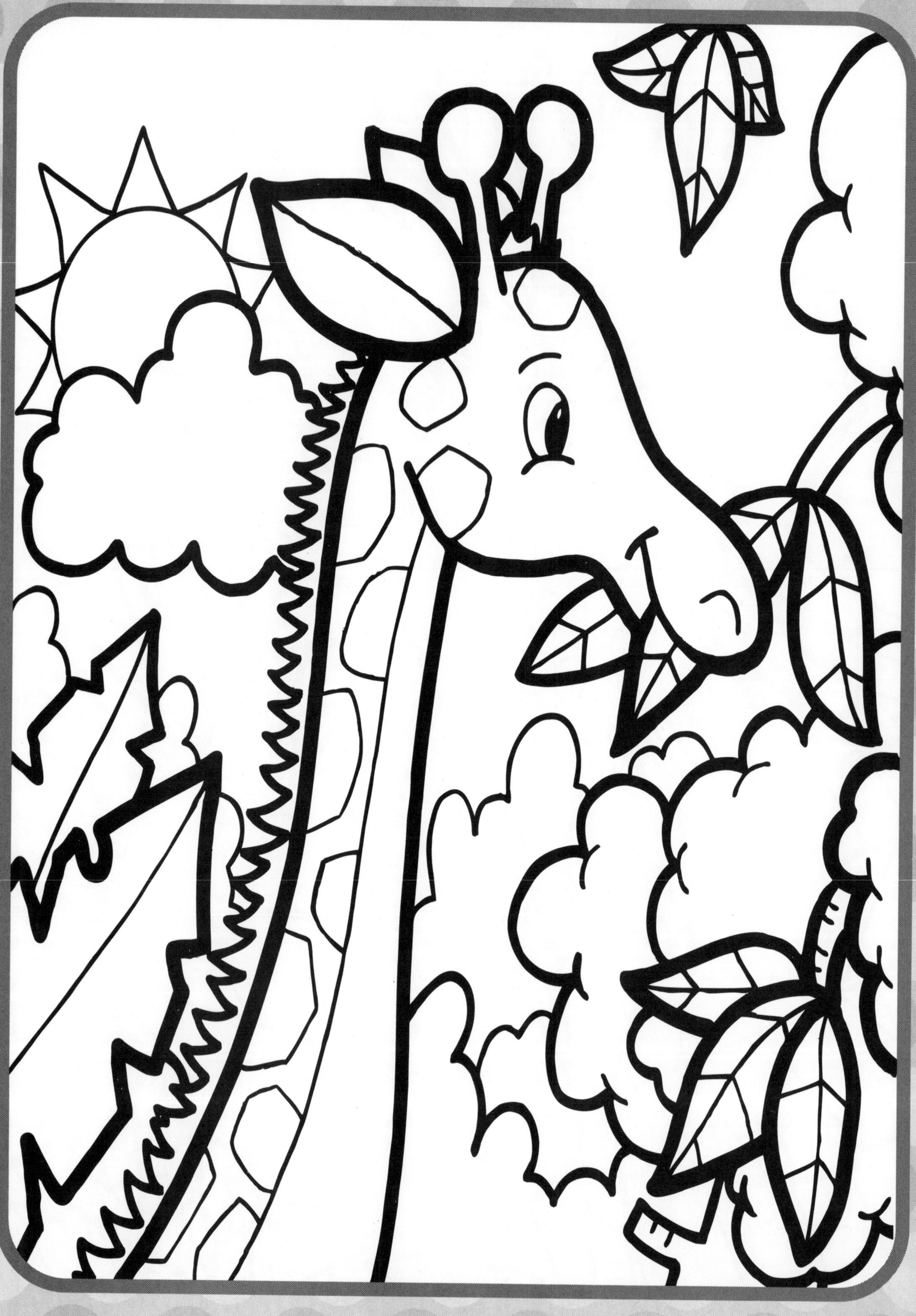

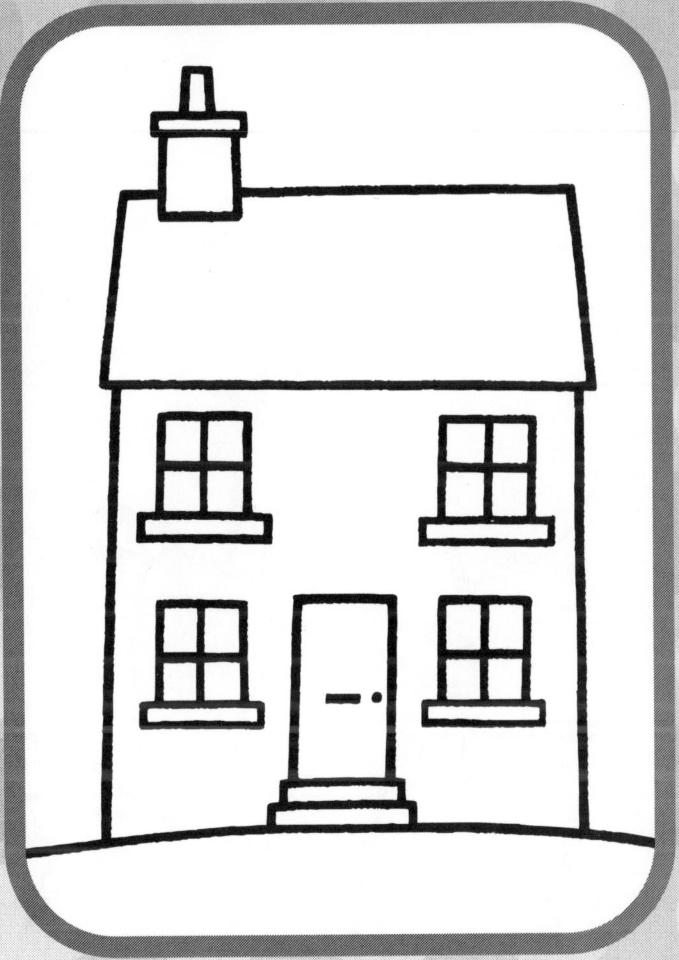
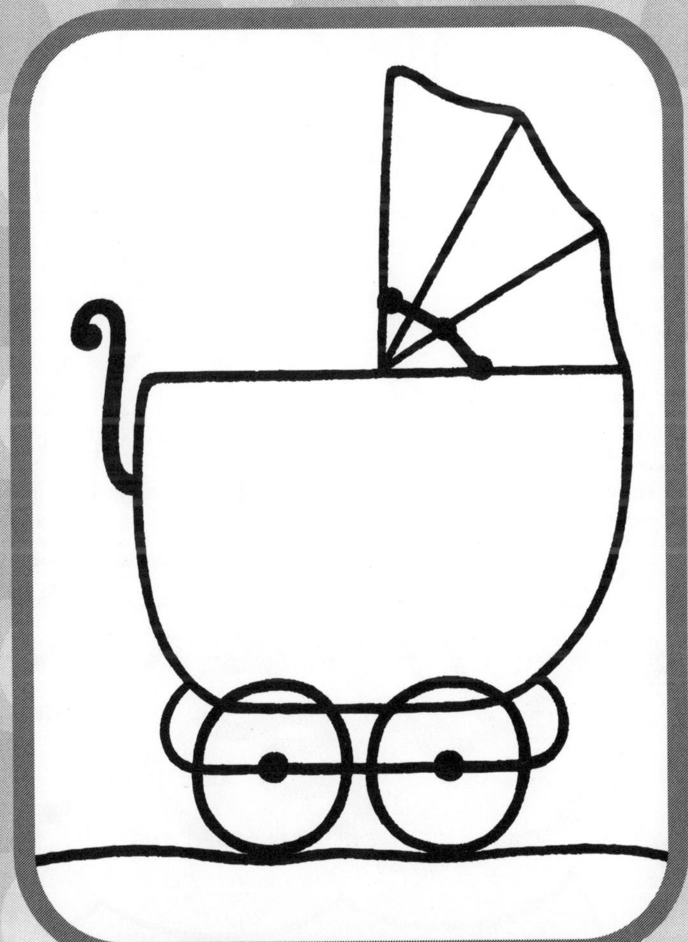
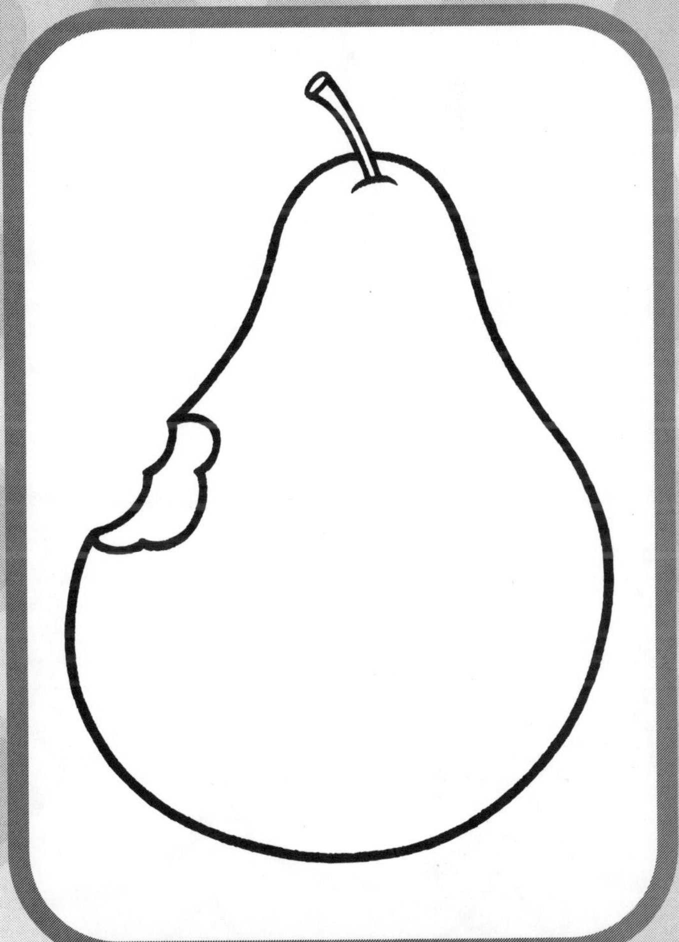

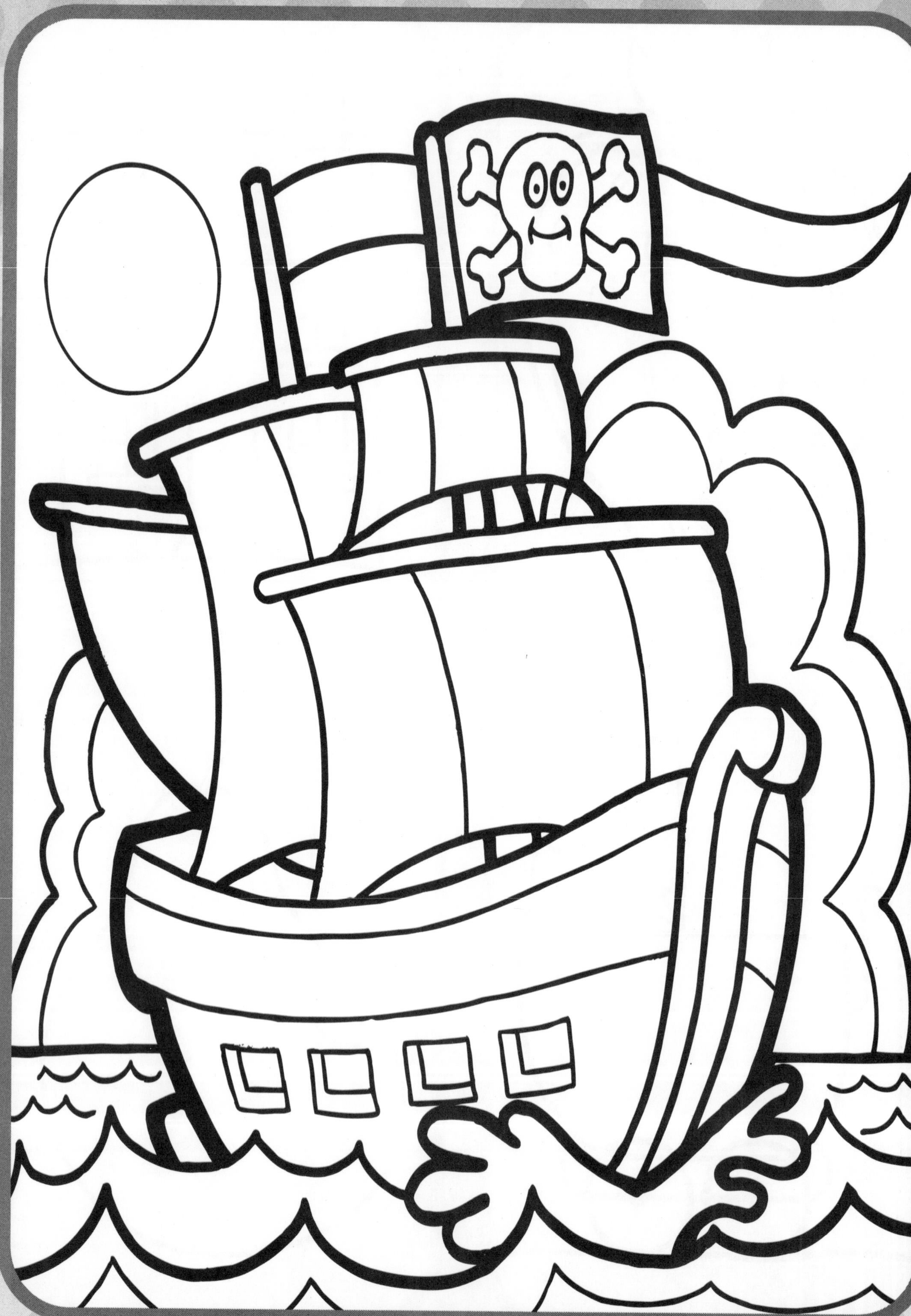

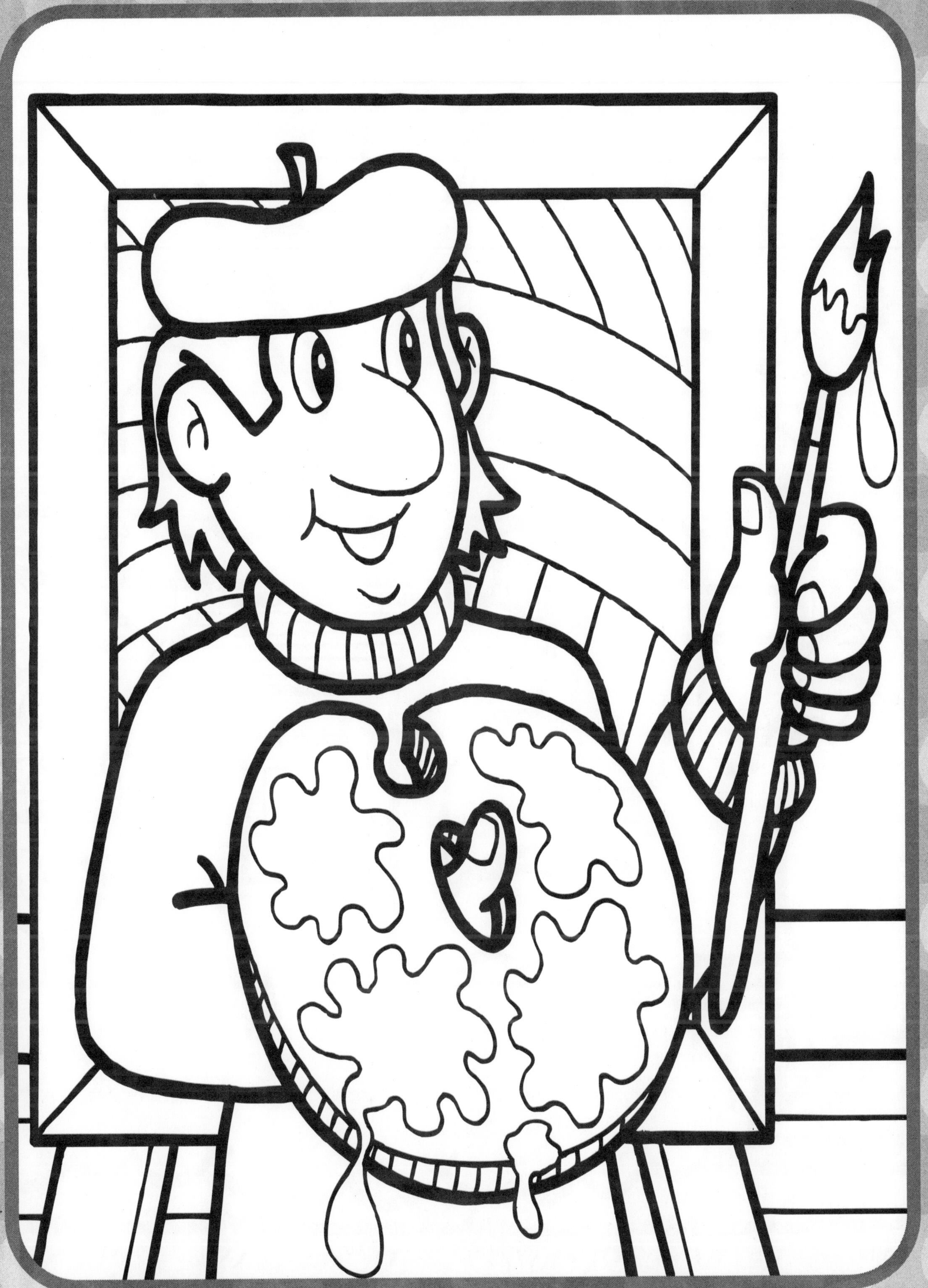

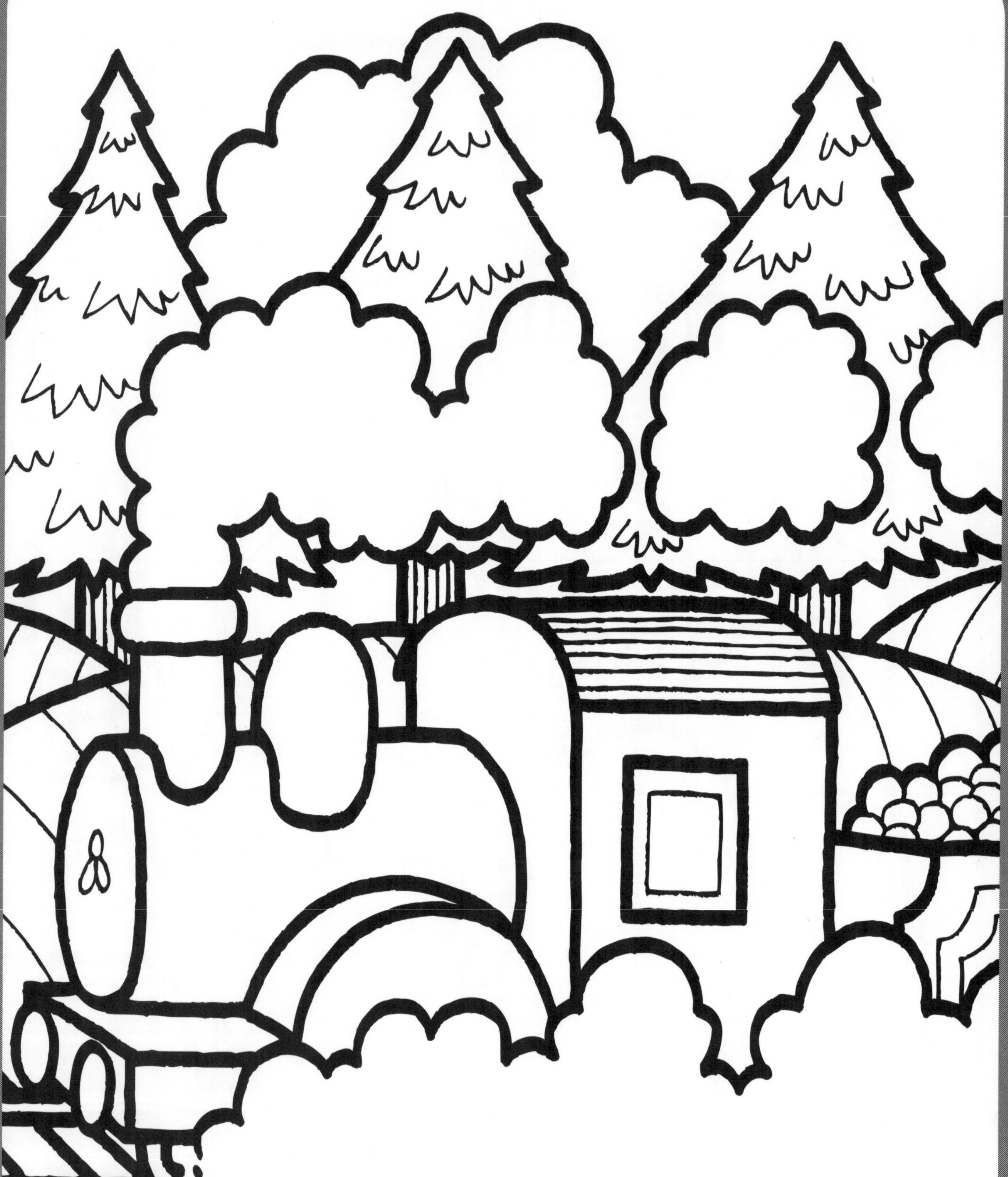

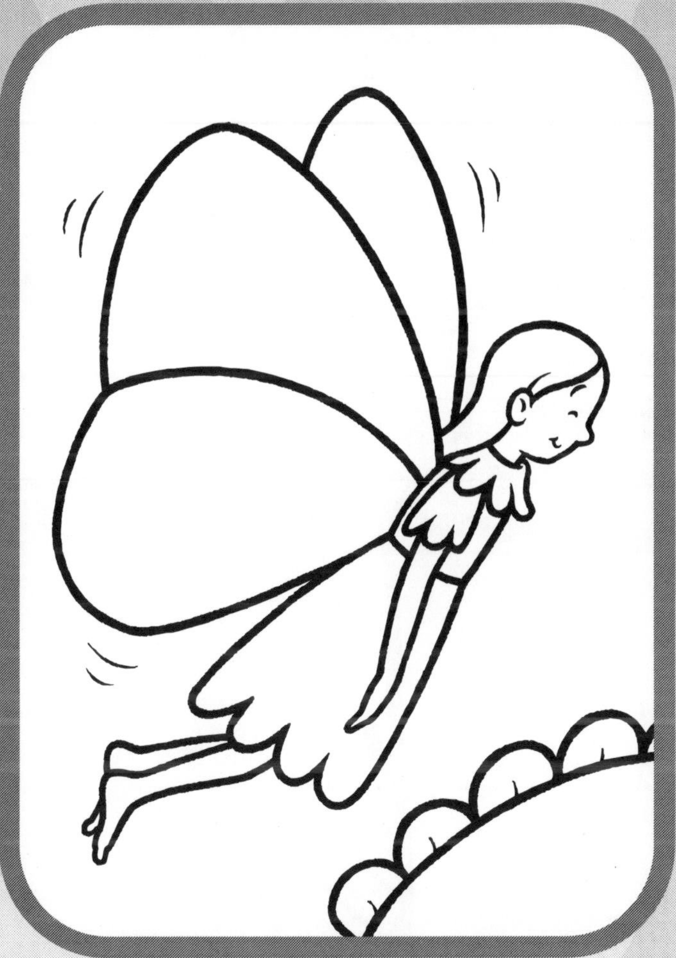
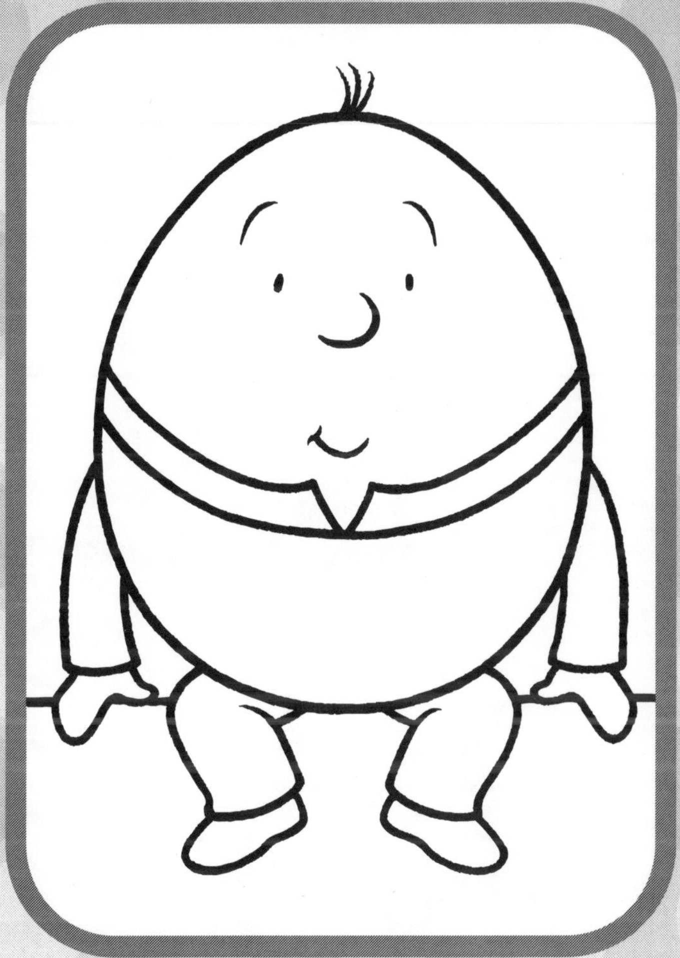
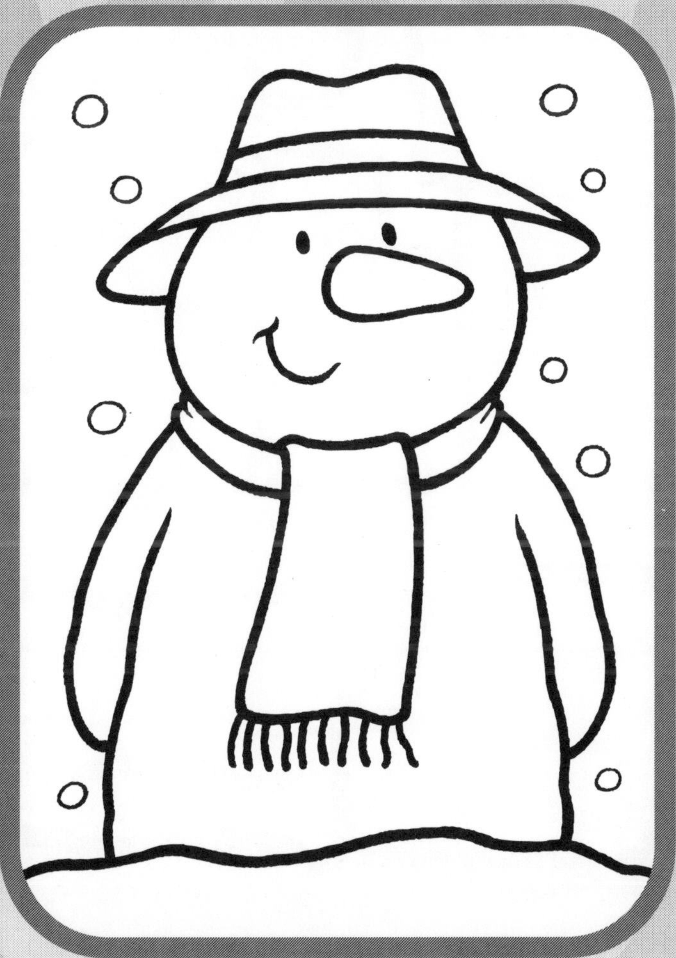
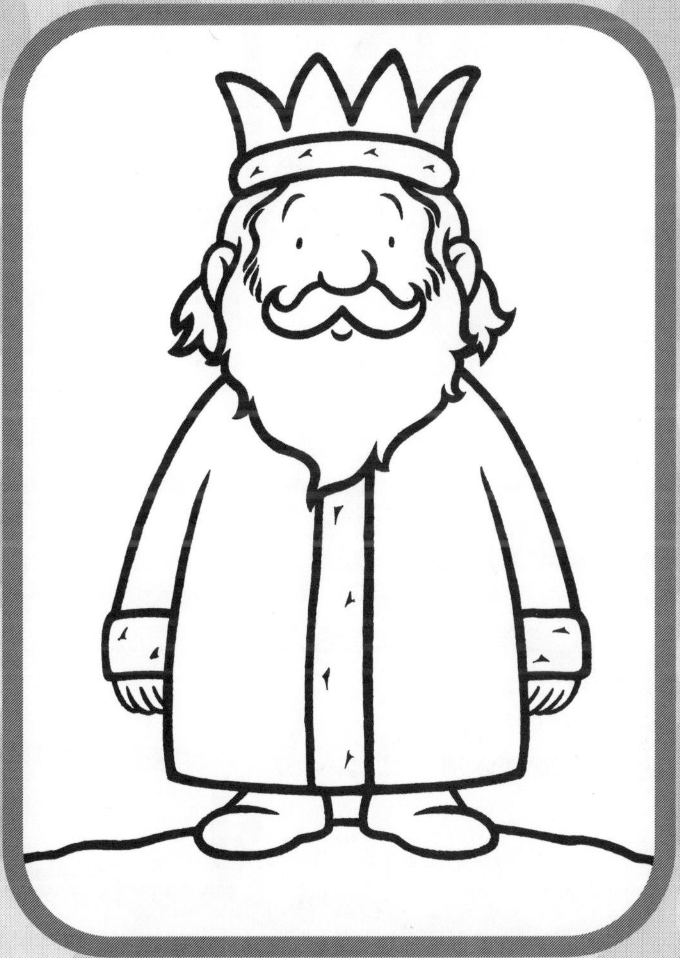

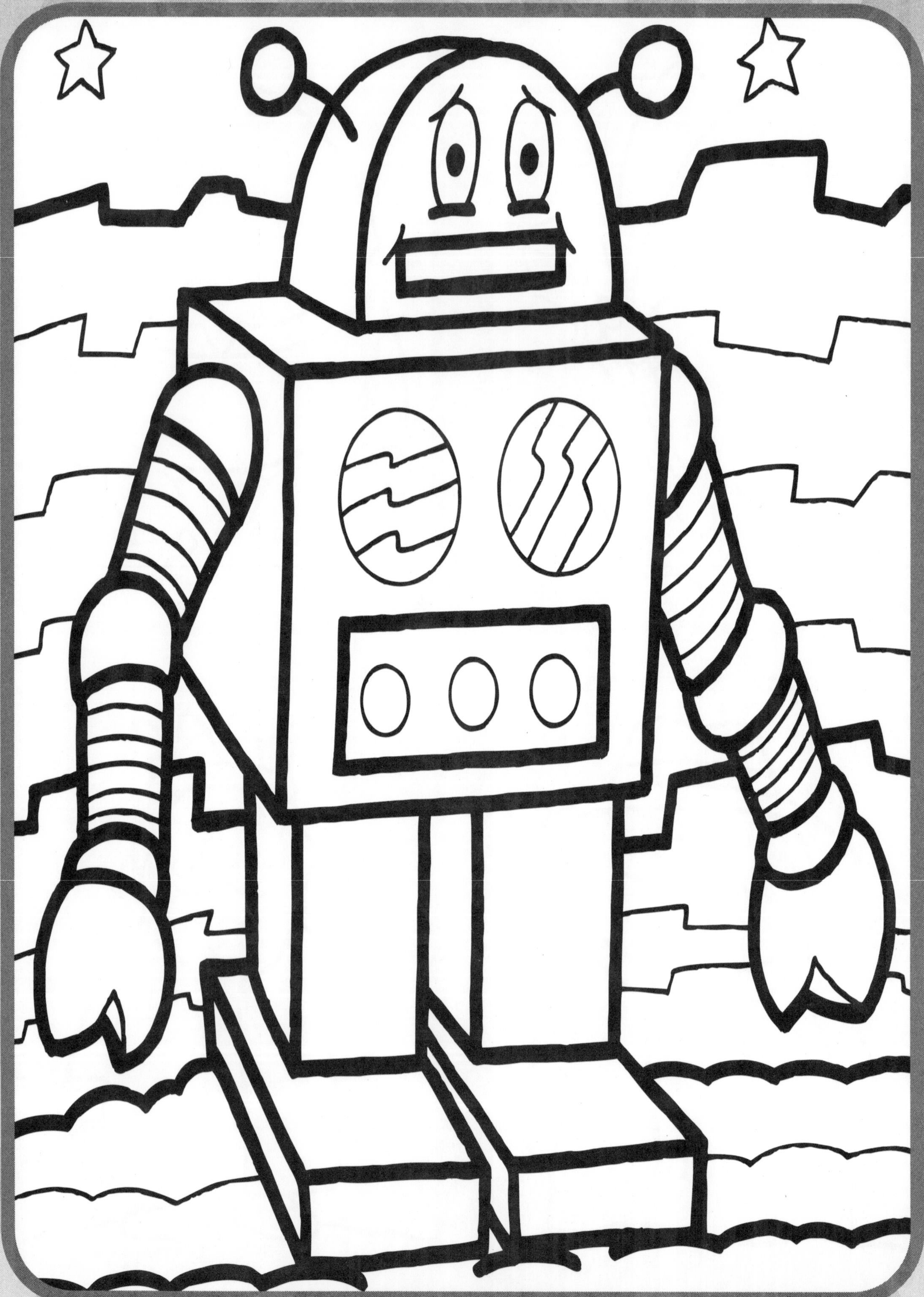

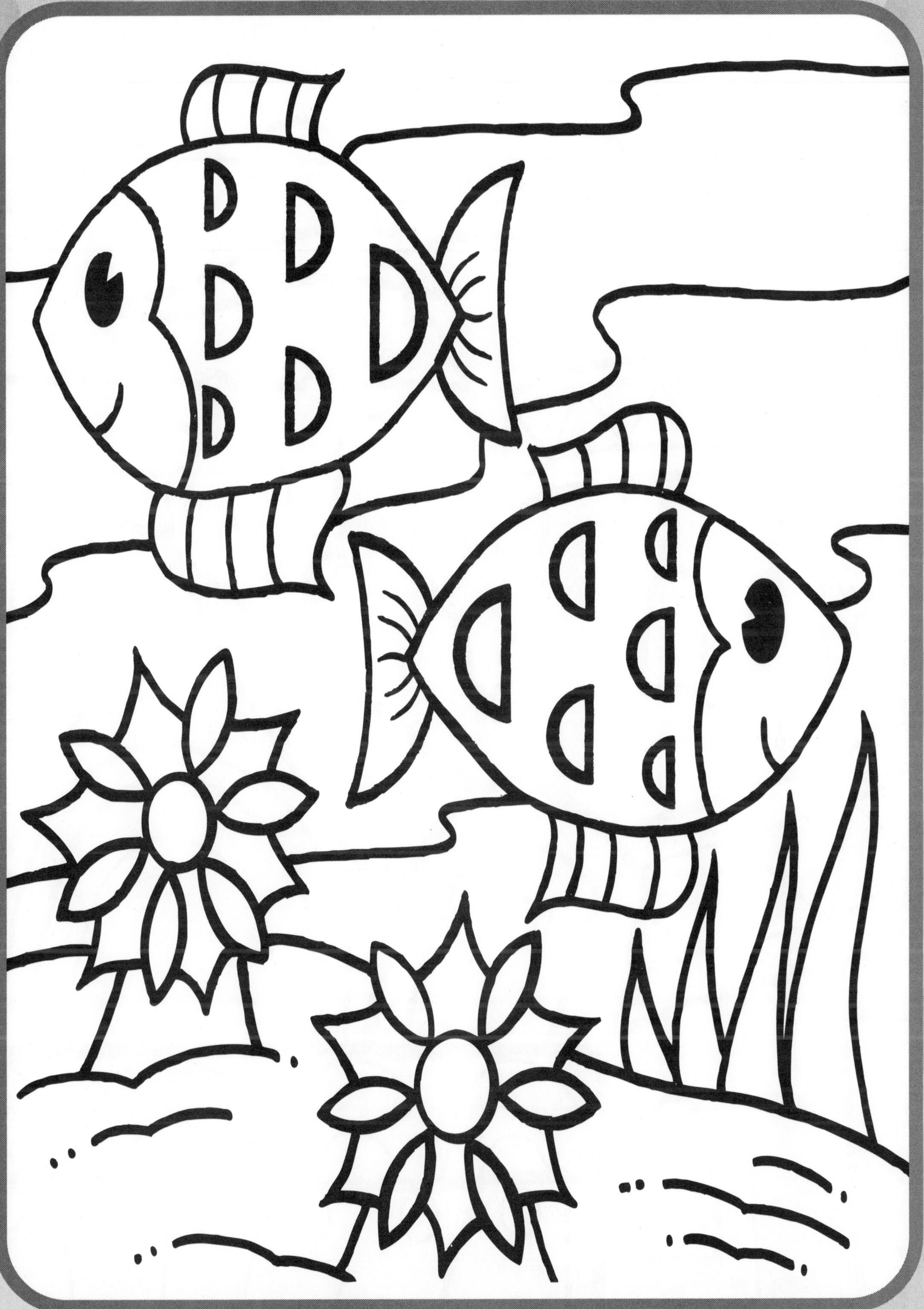

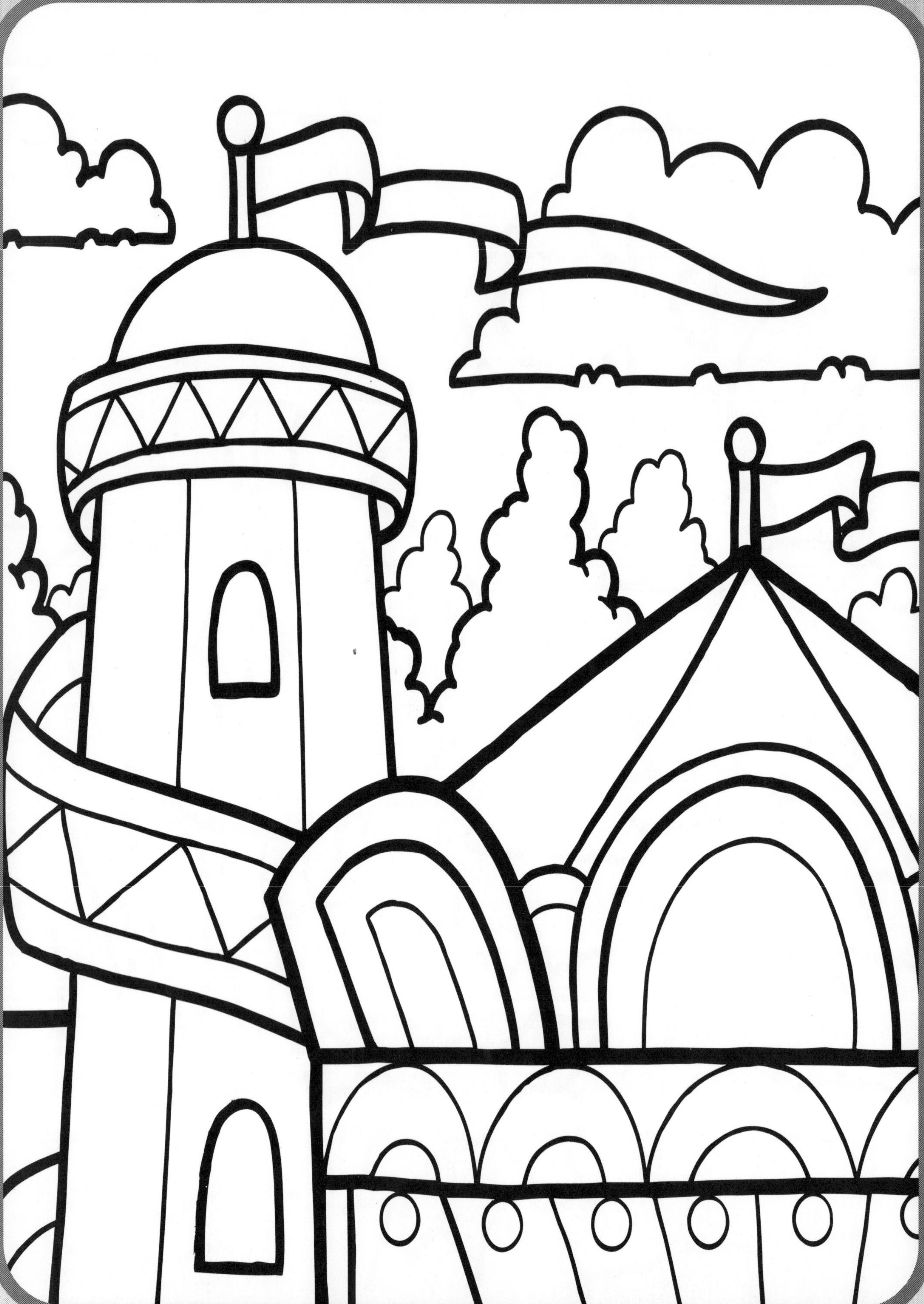

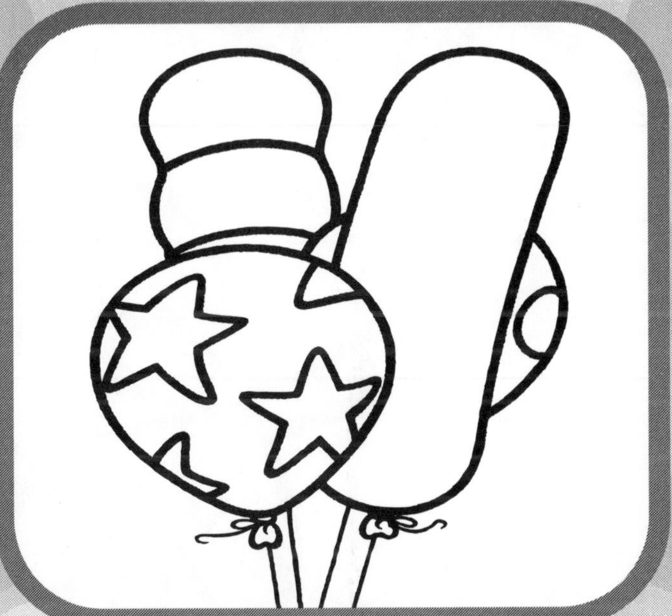
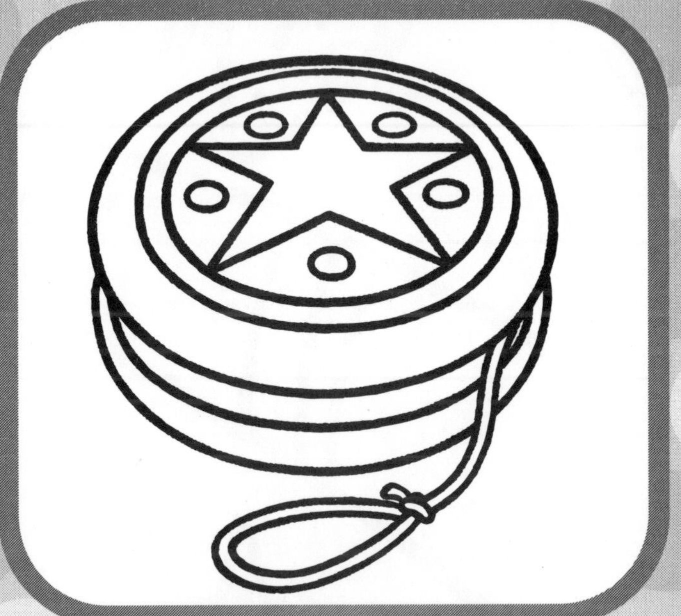
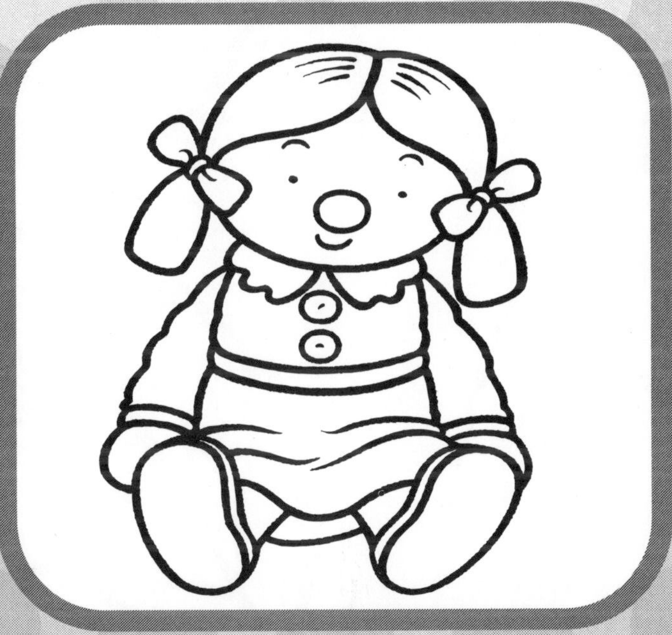

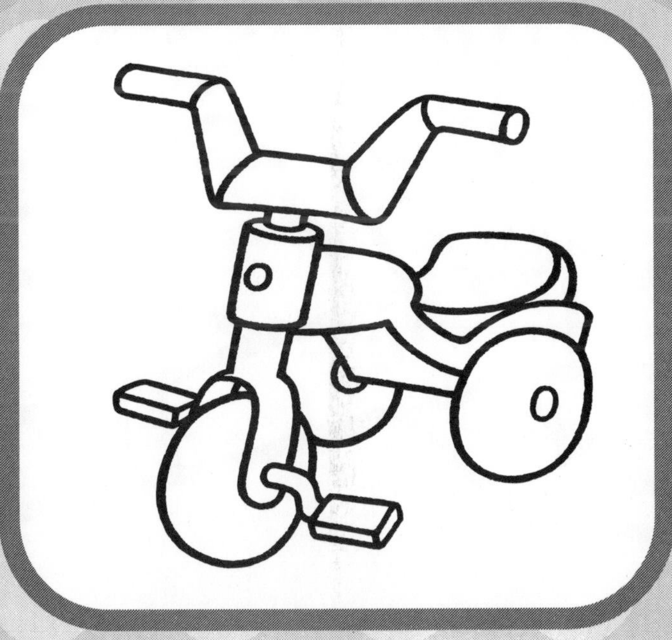
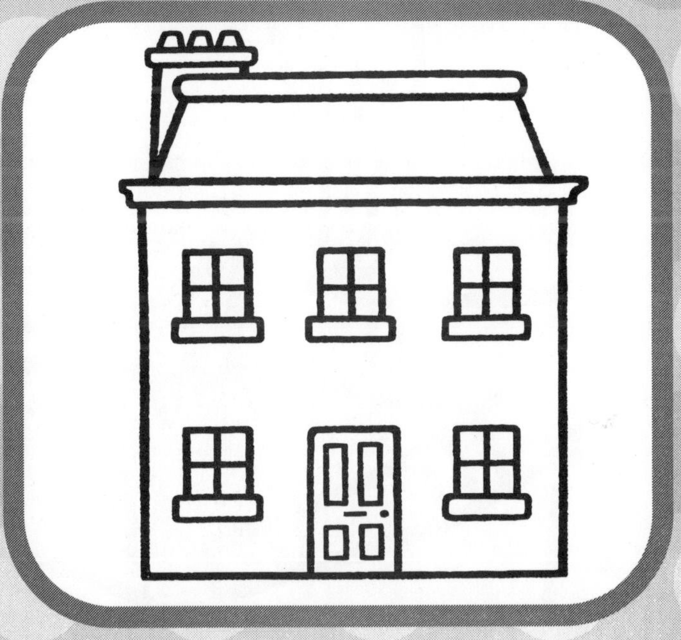

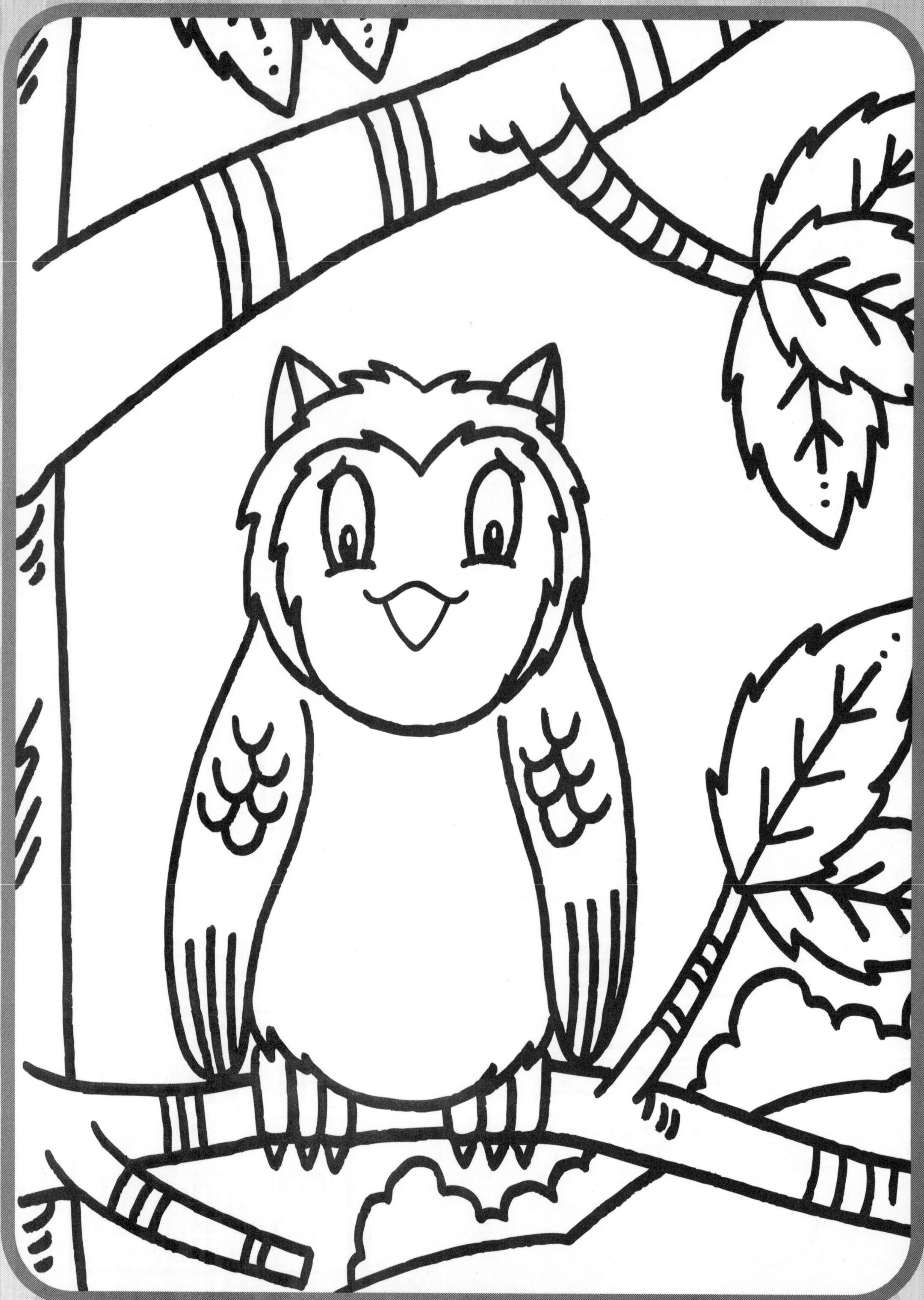

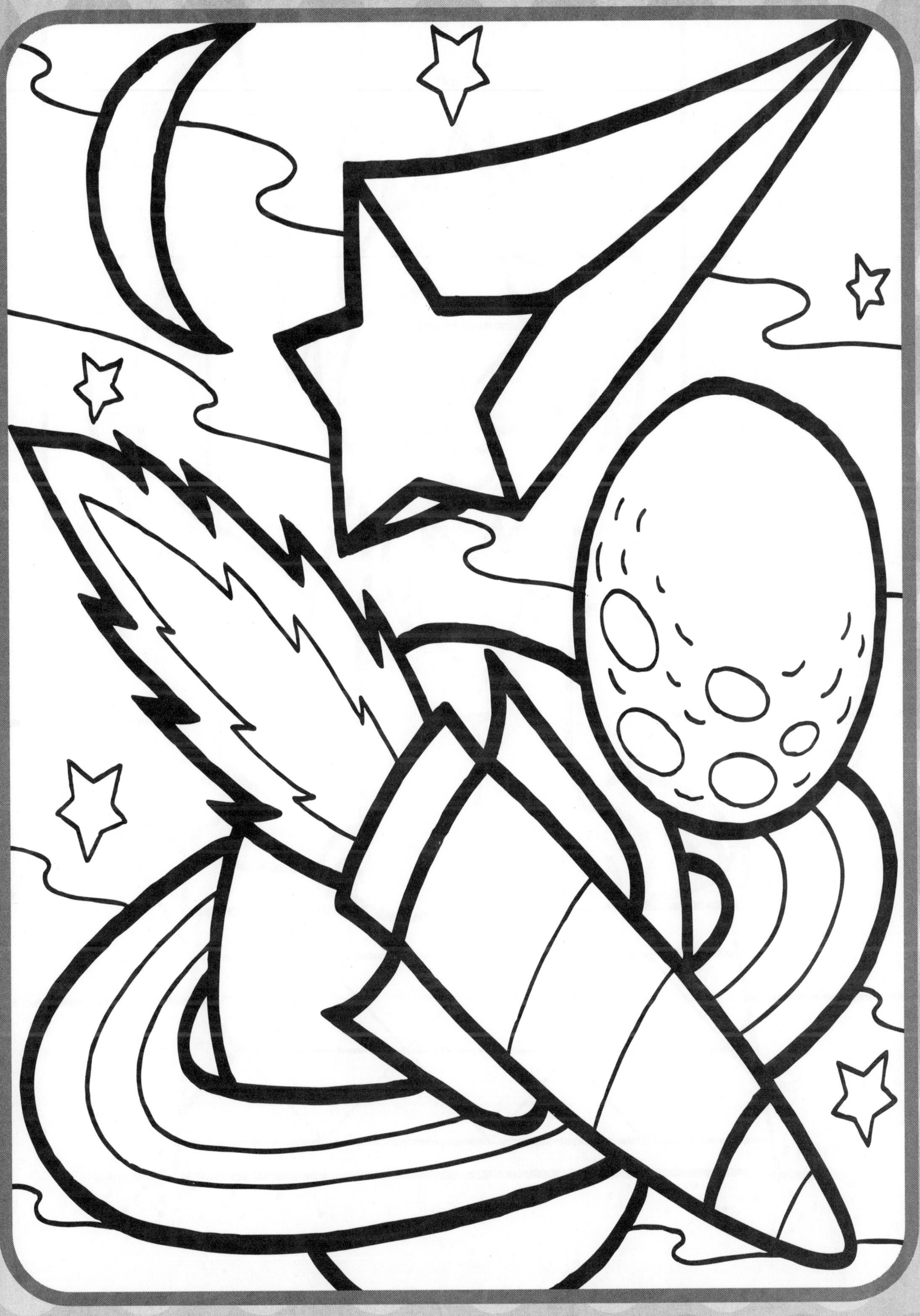

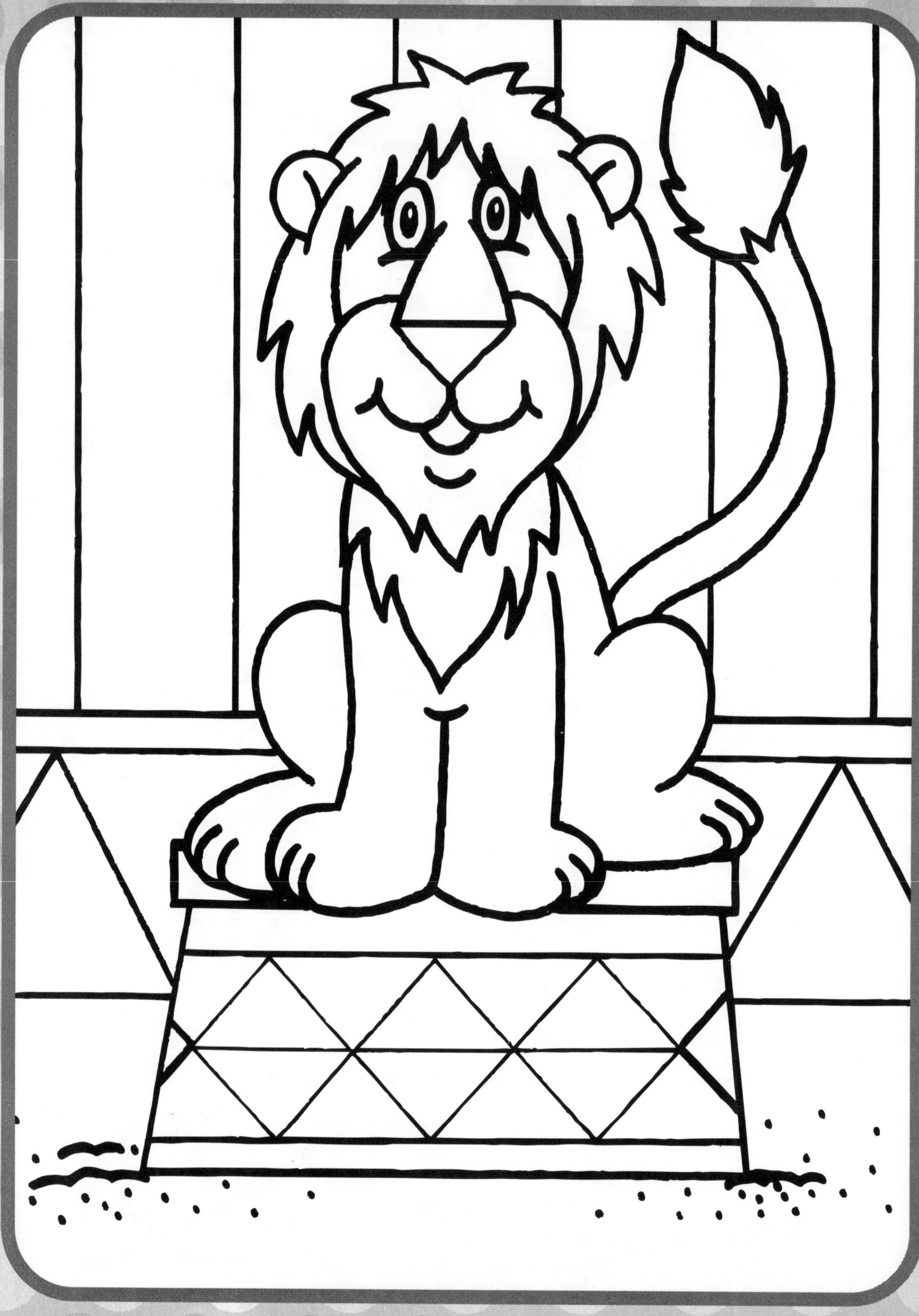

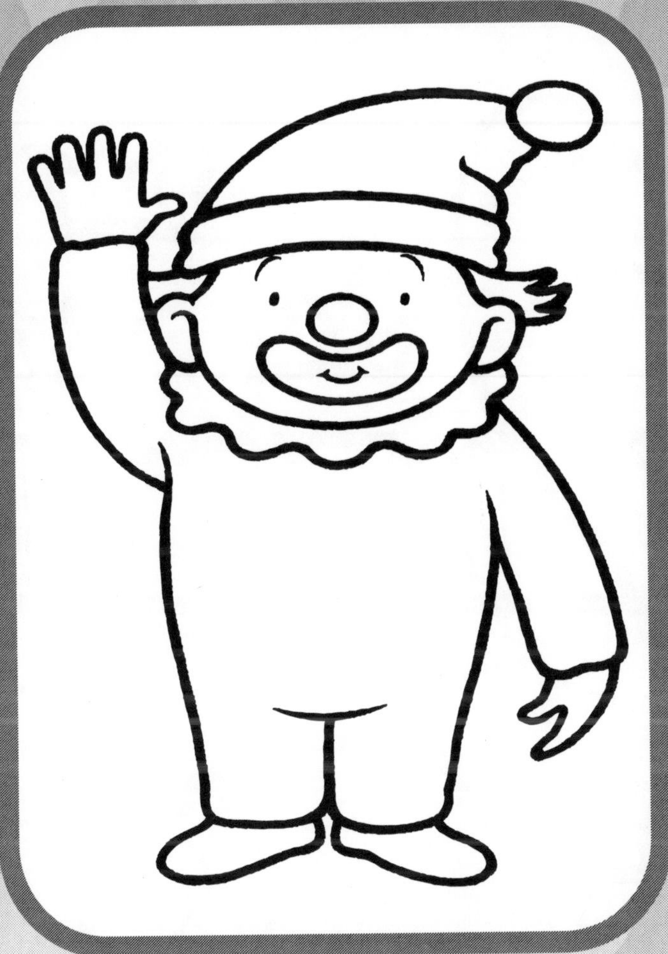
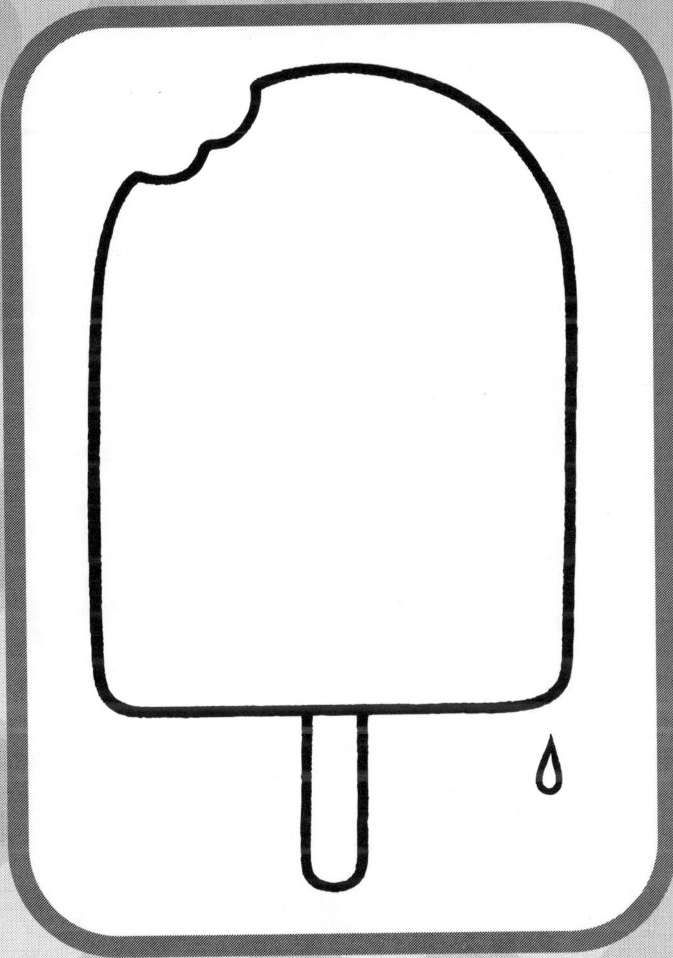
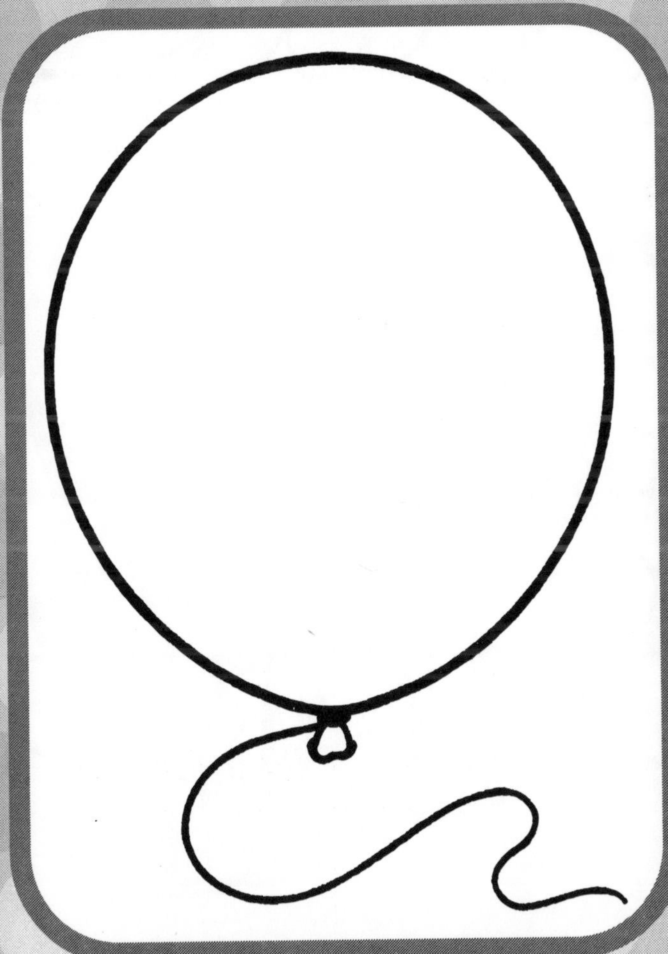
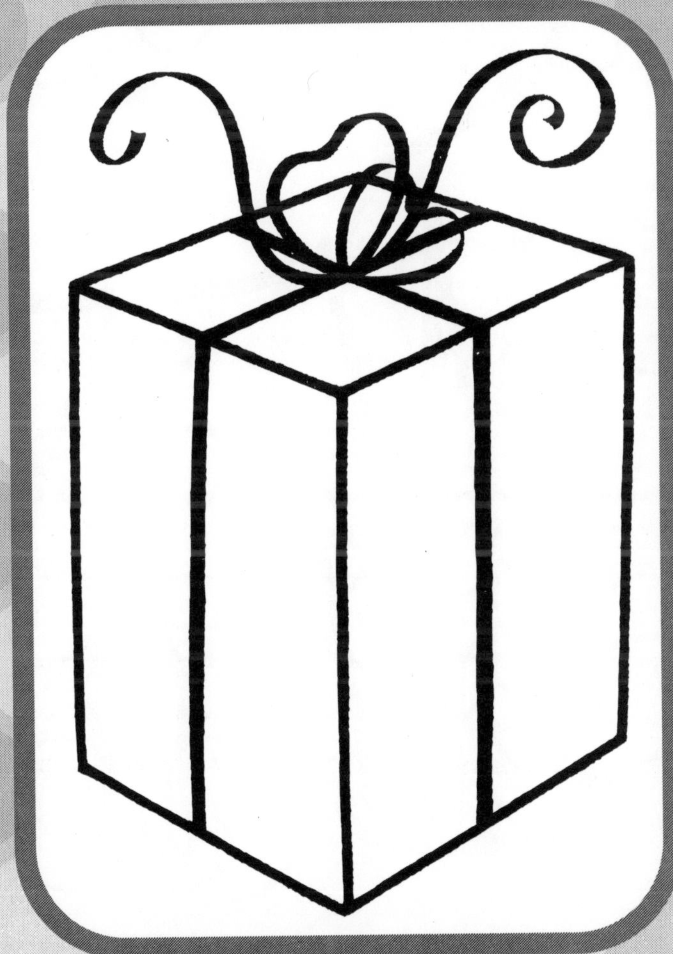

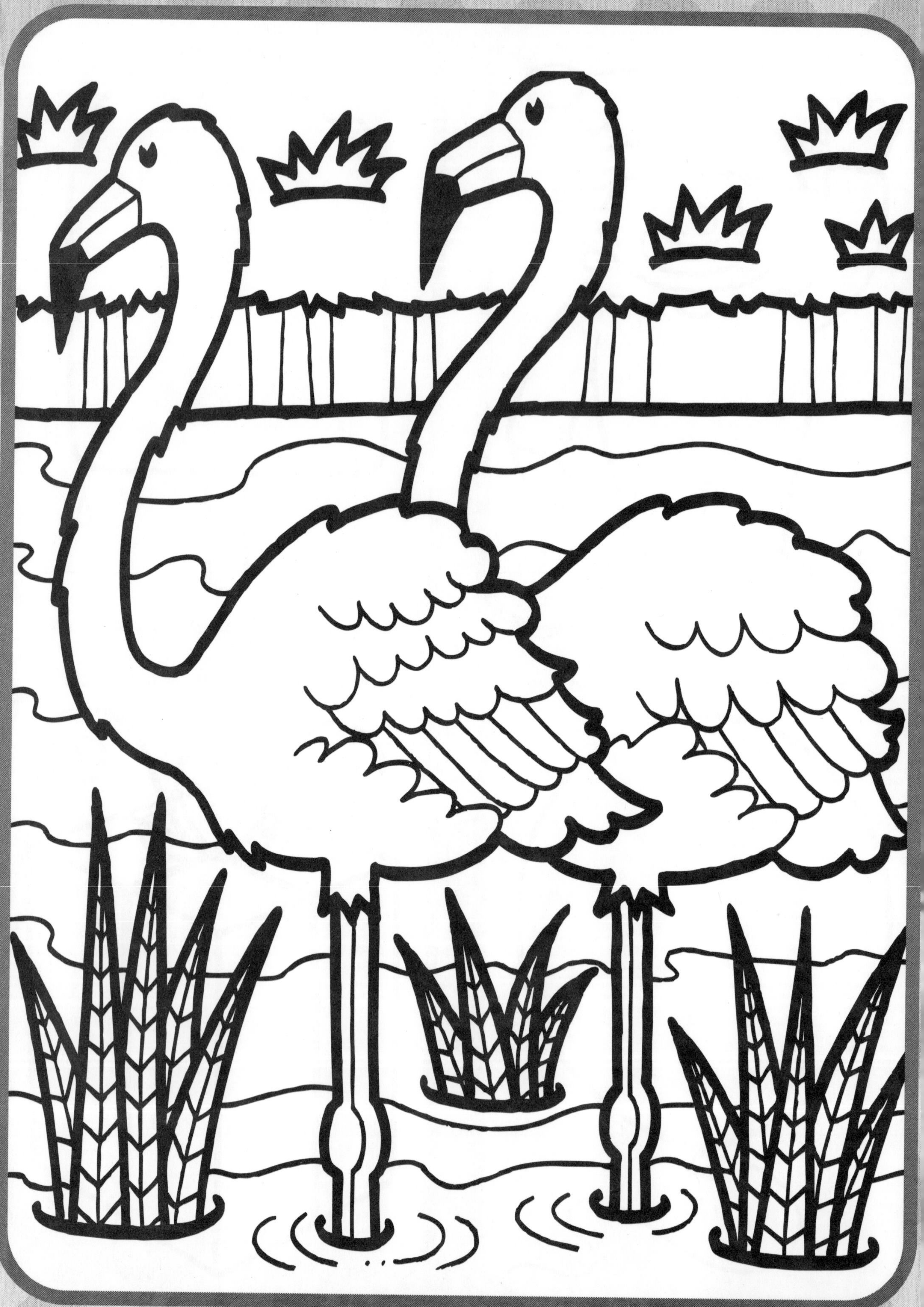

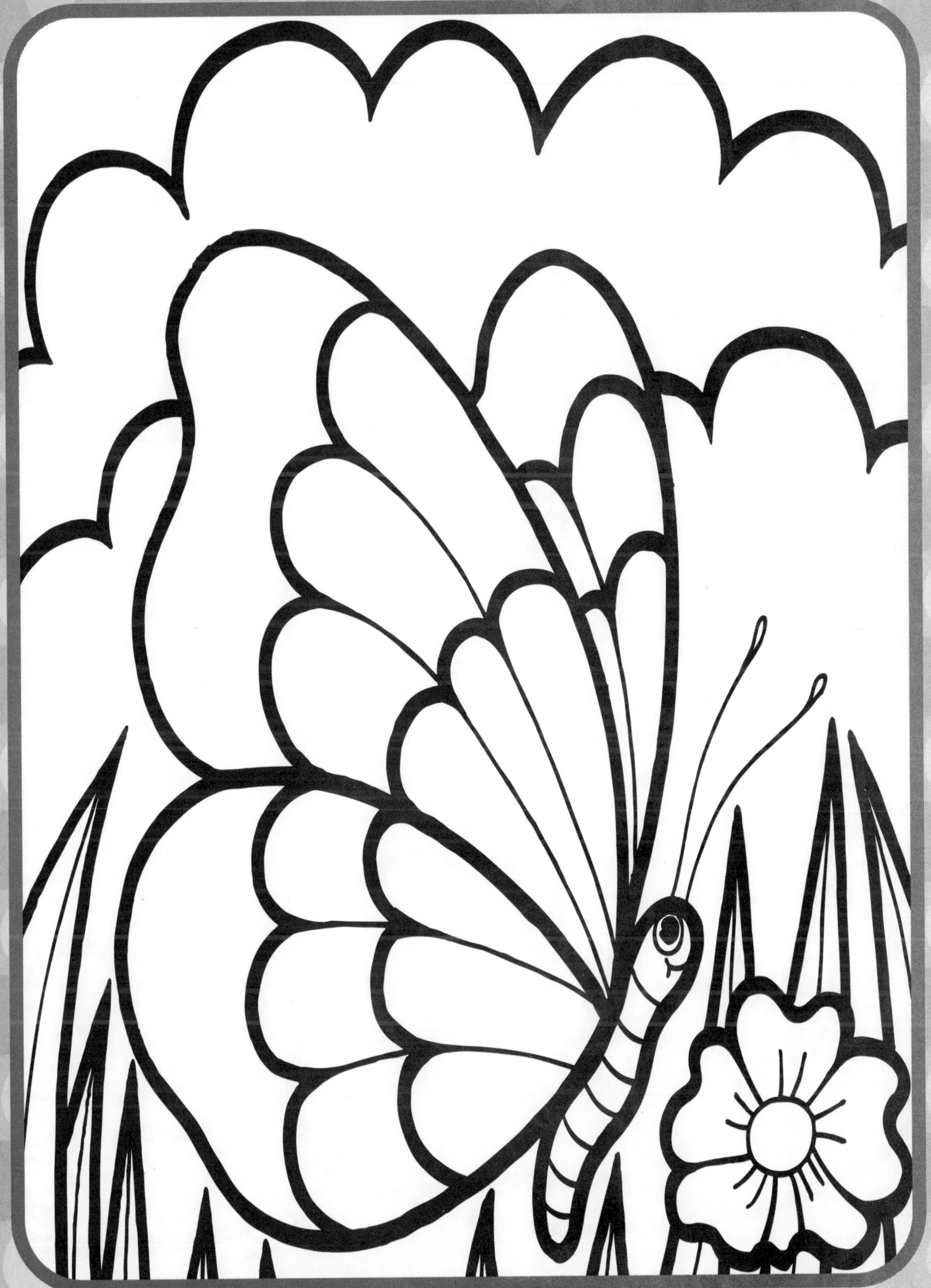

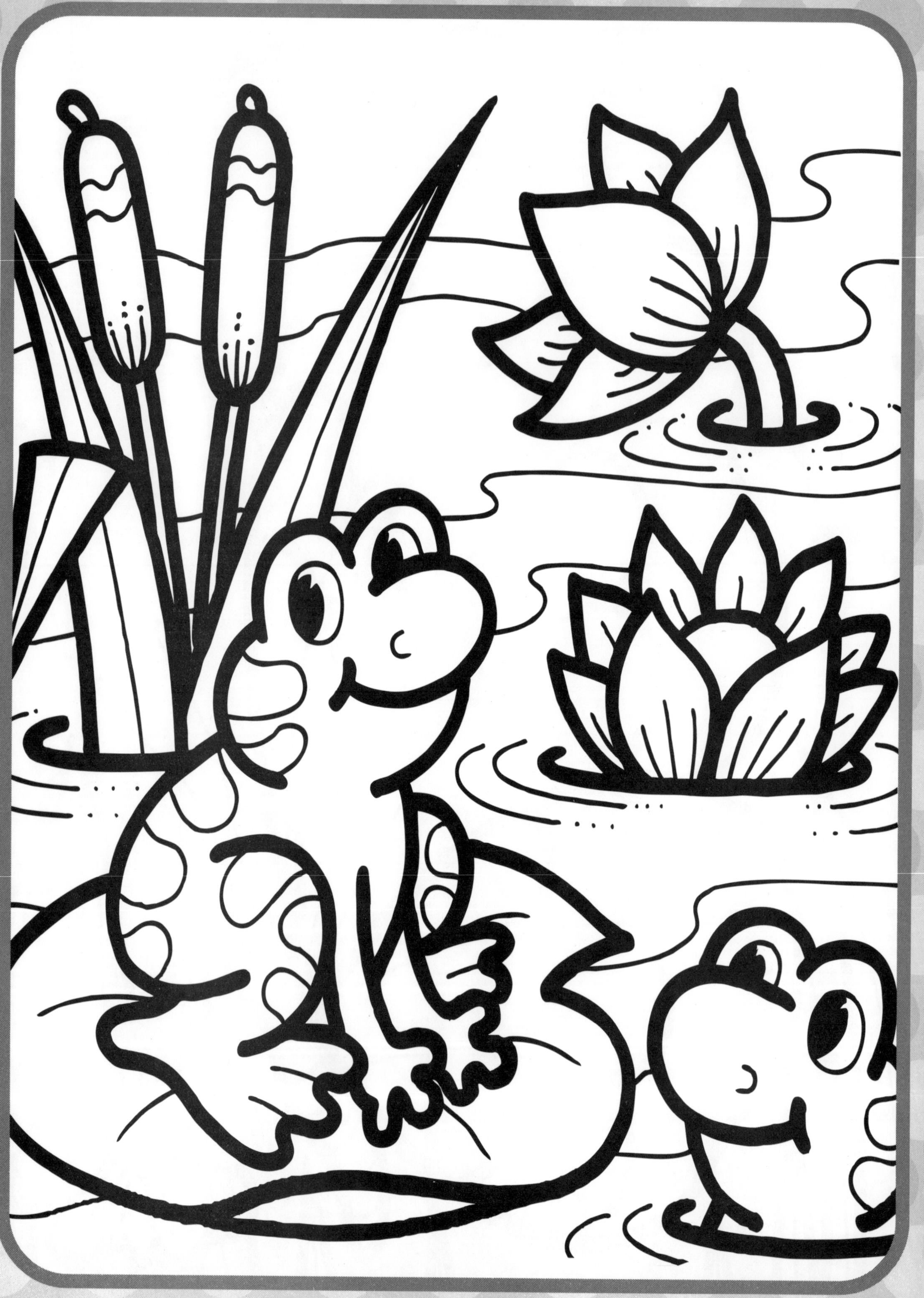

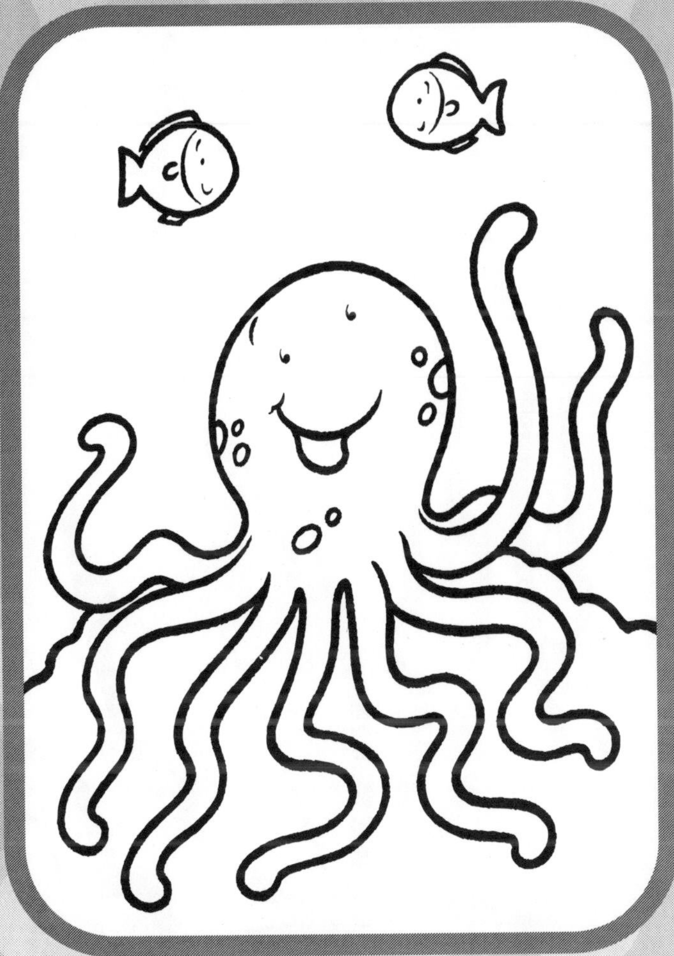
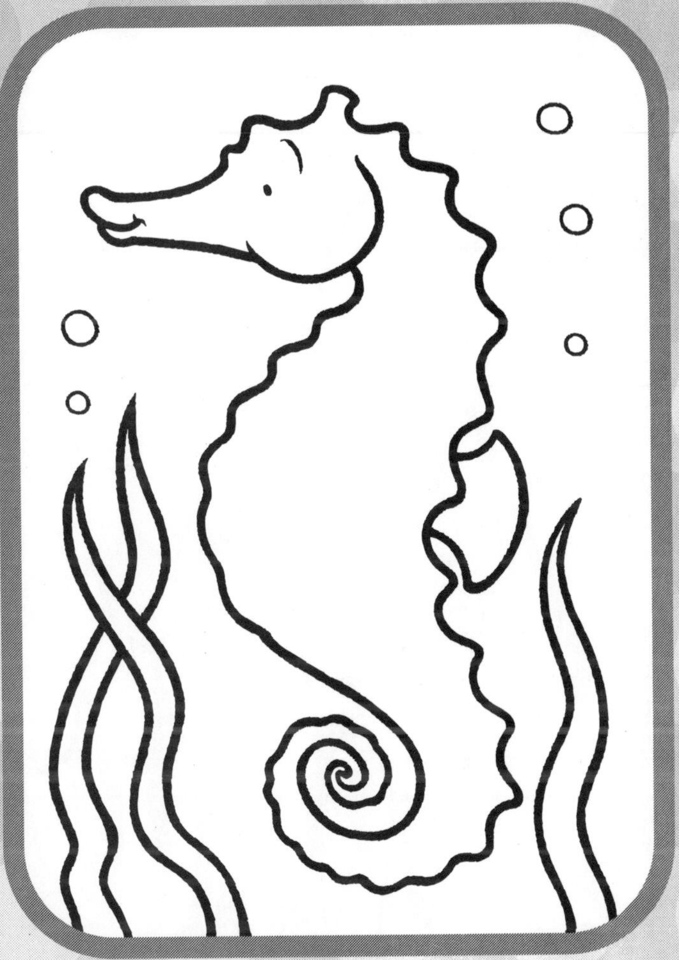
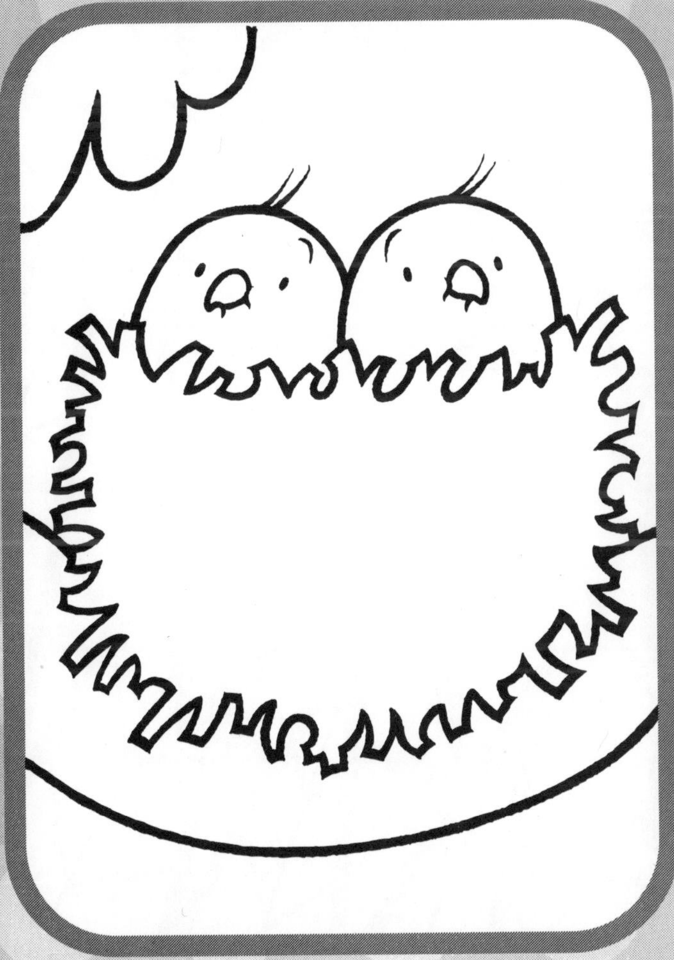
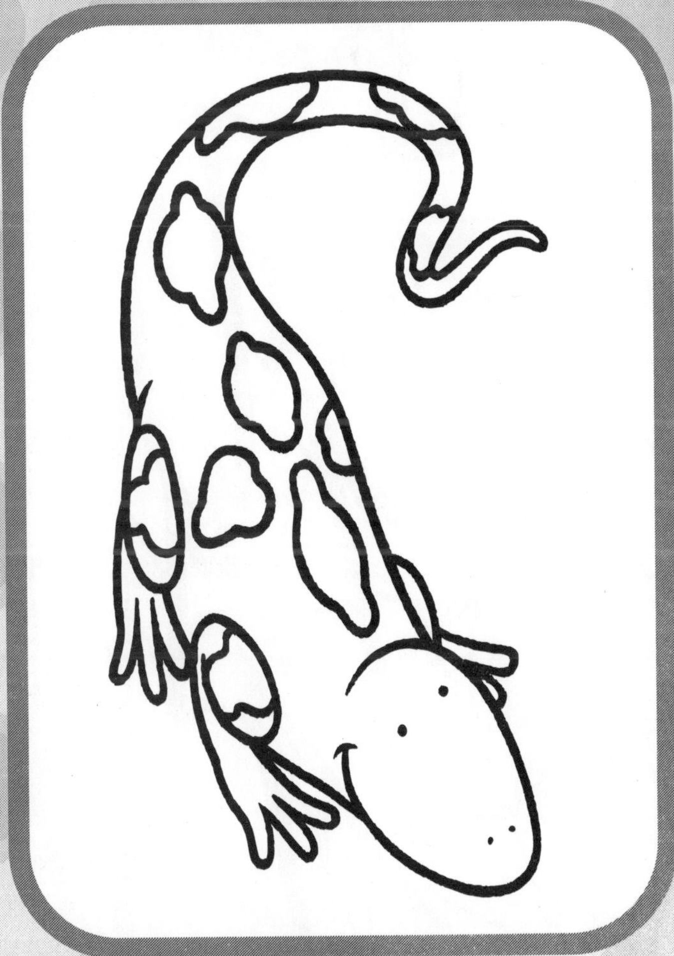

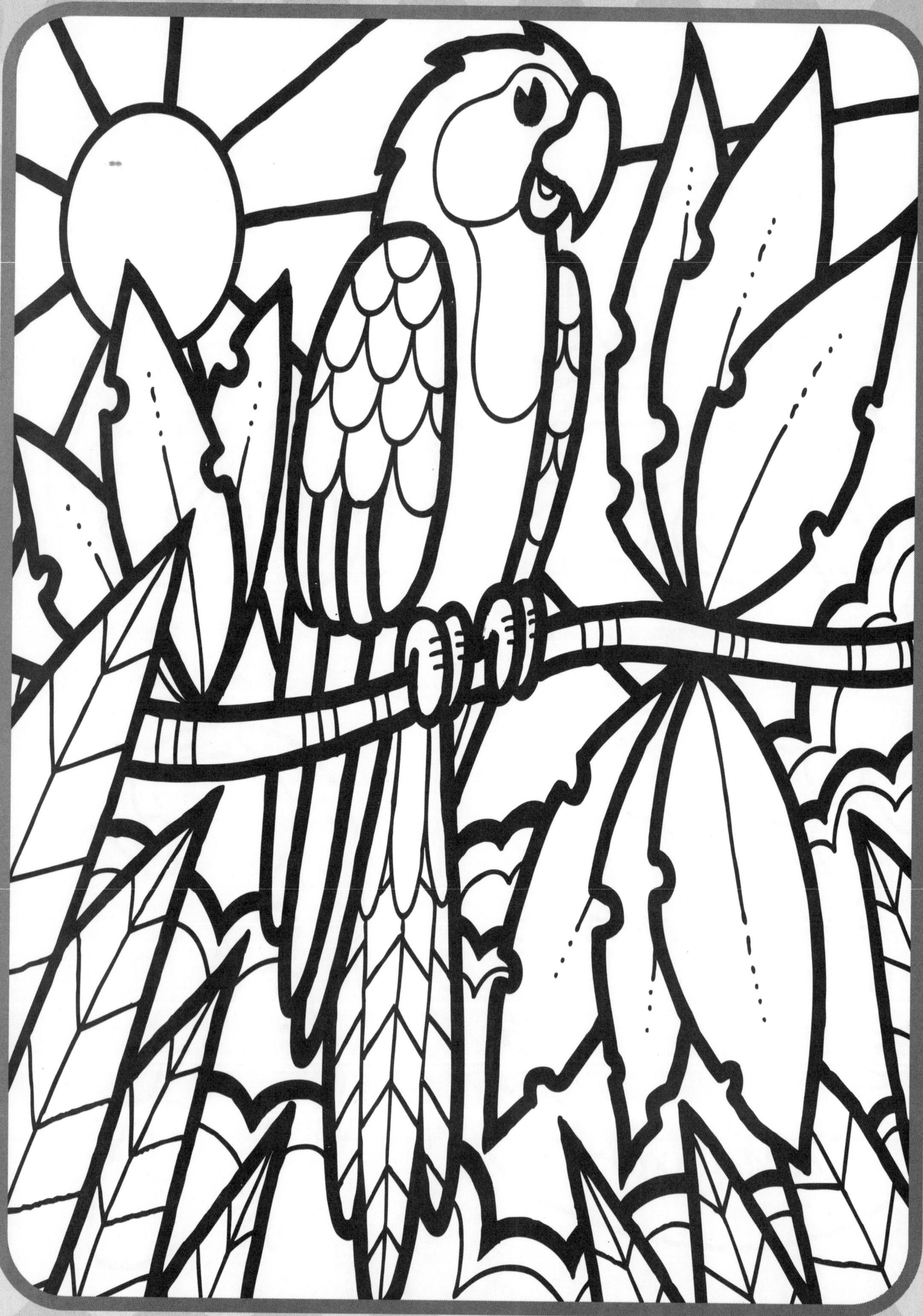

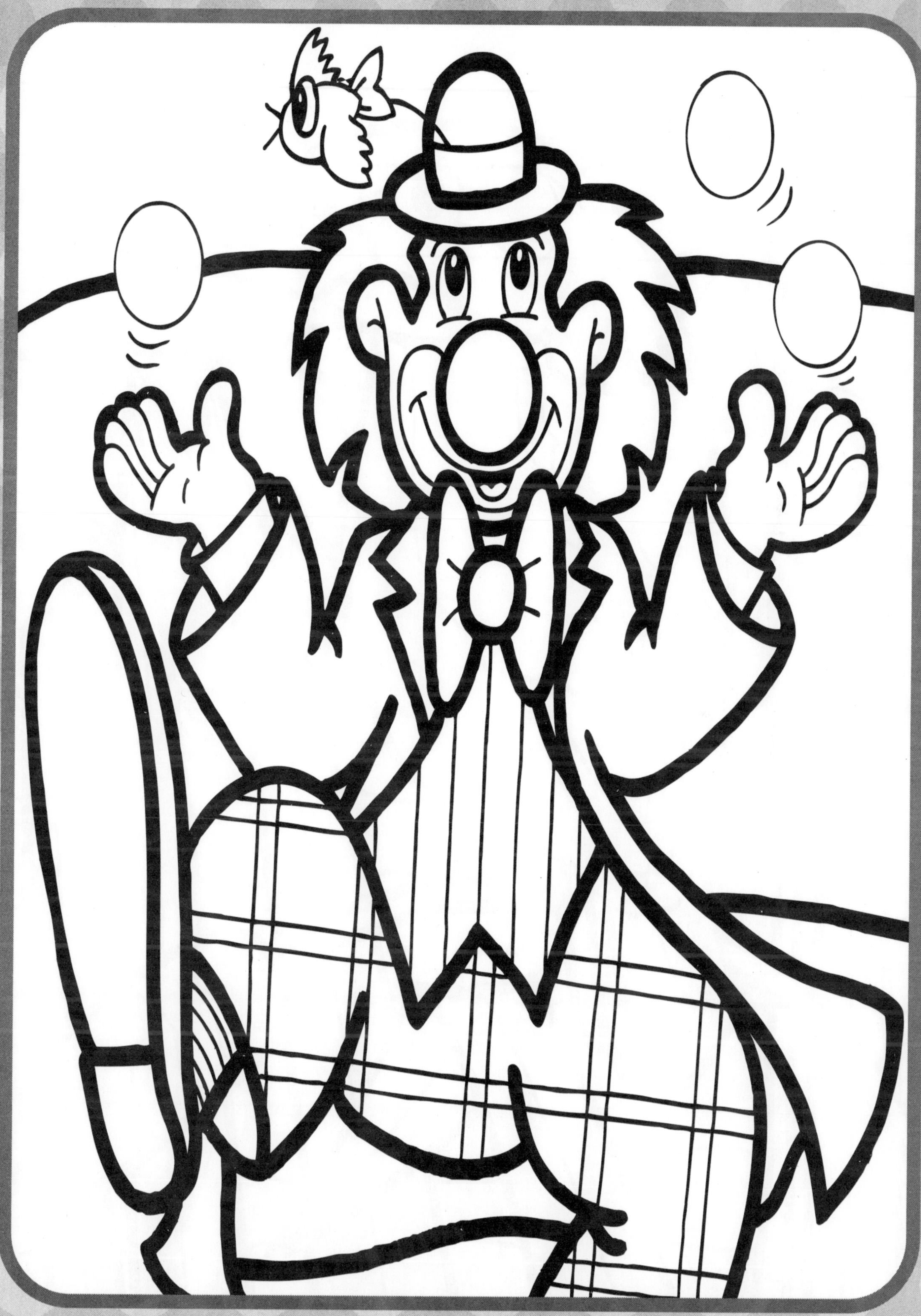

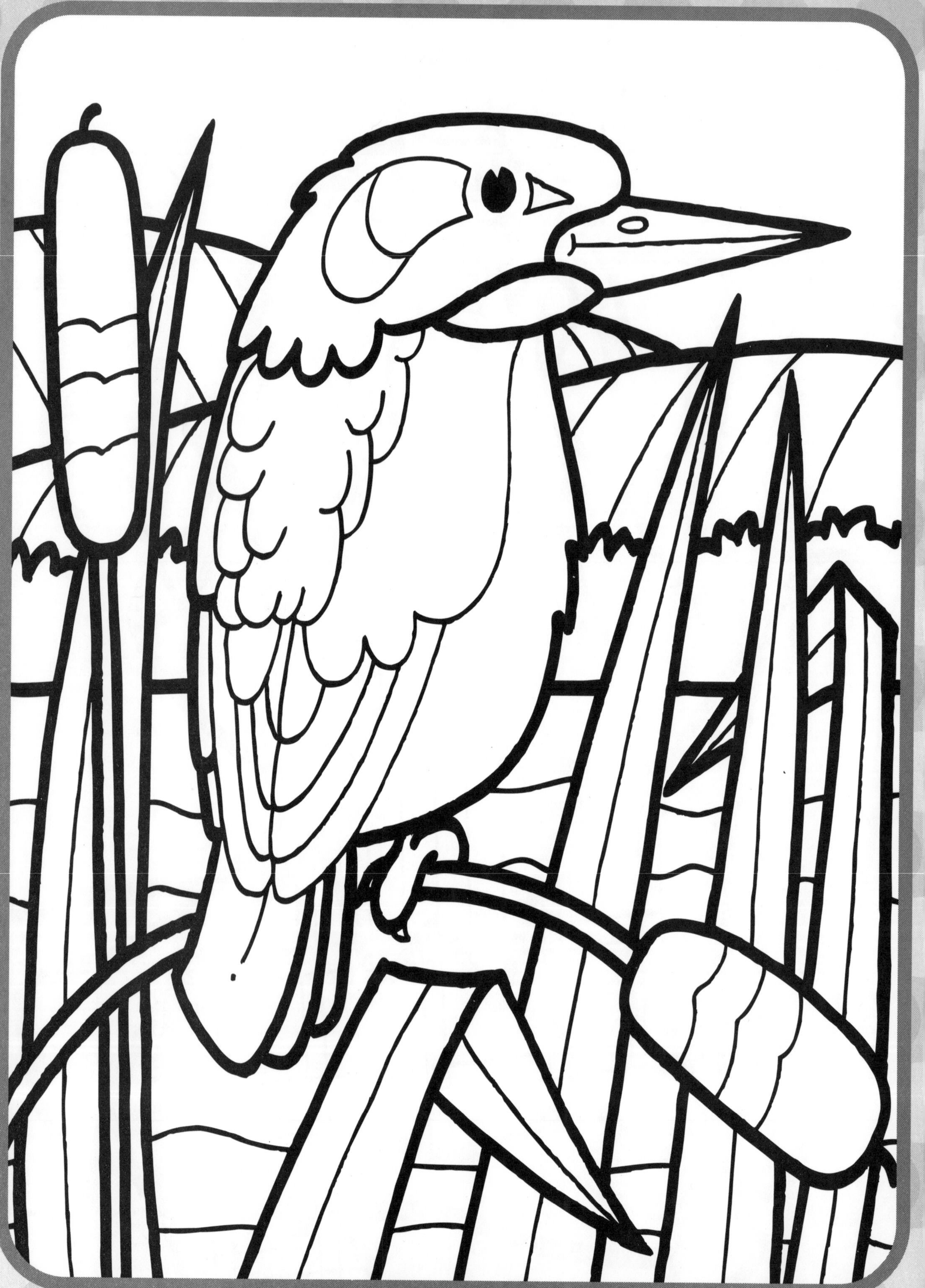

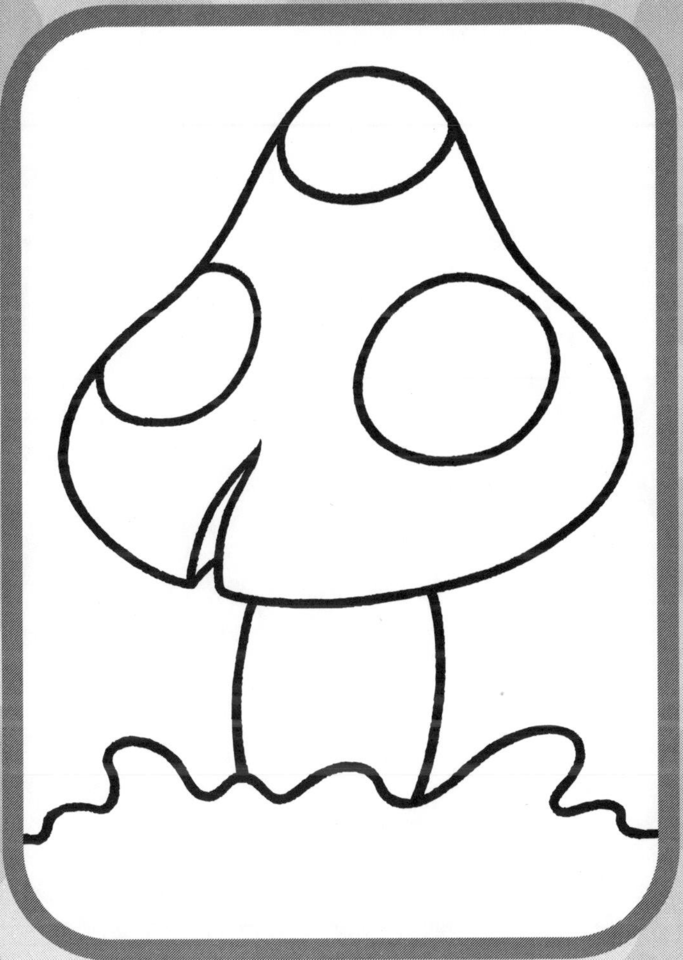
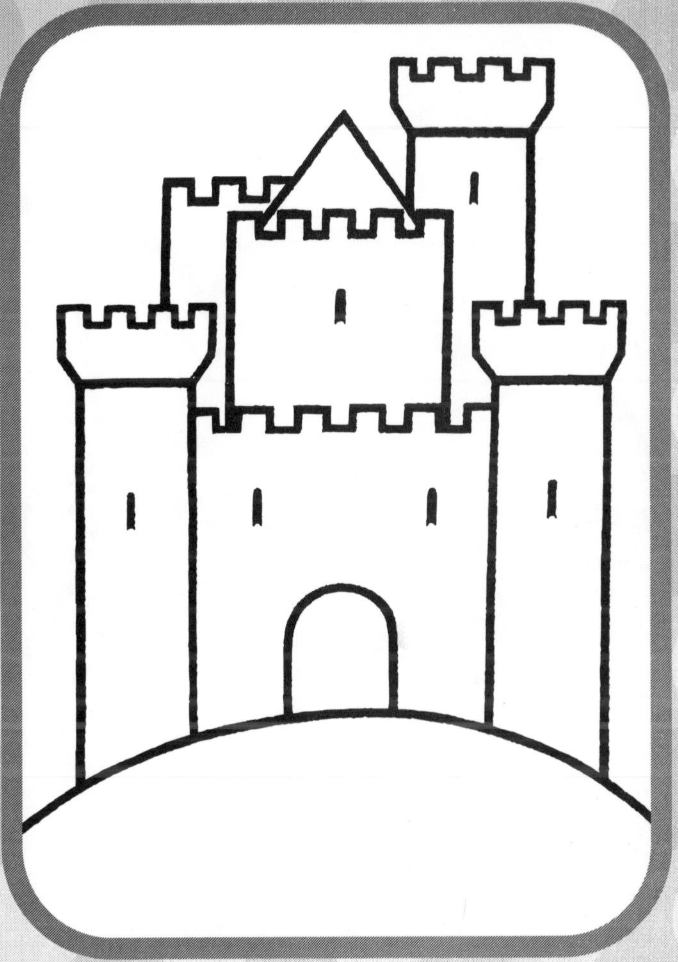
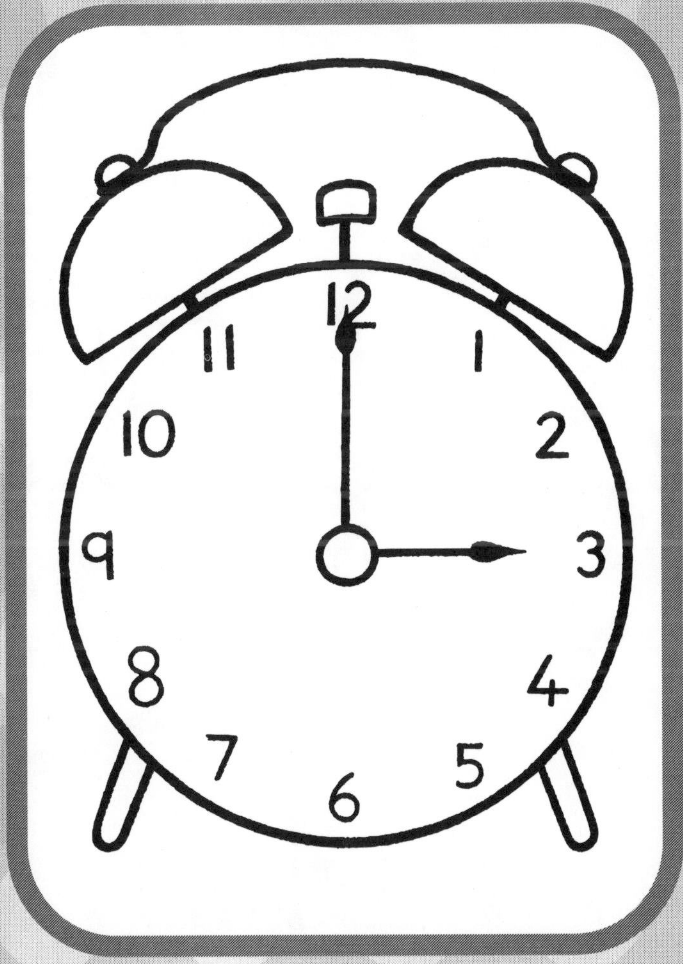
12
11
1
10
2
9
3
8
4
7
5
6
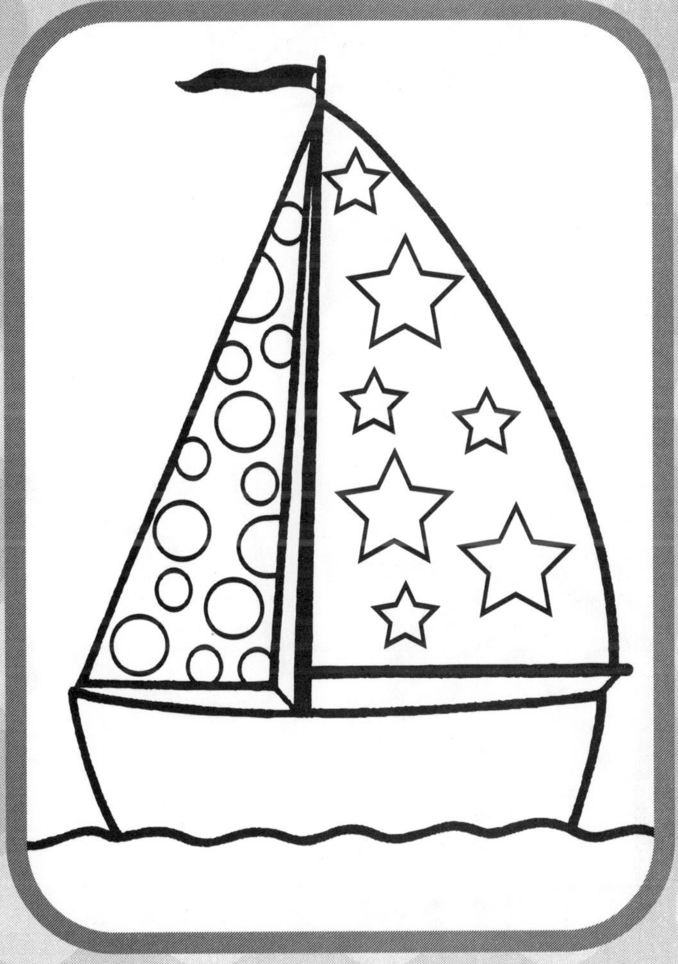

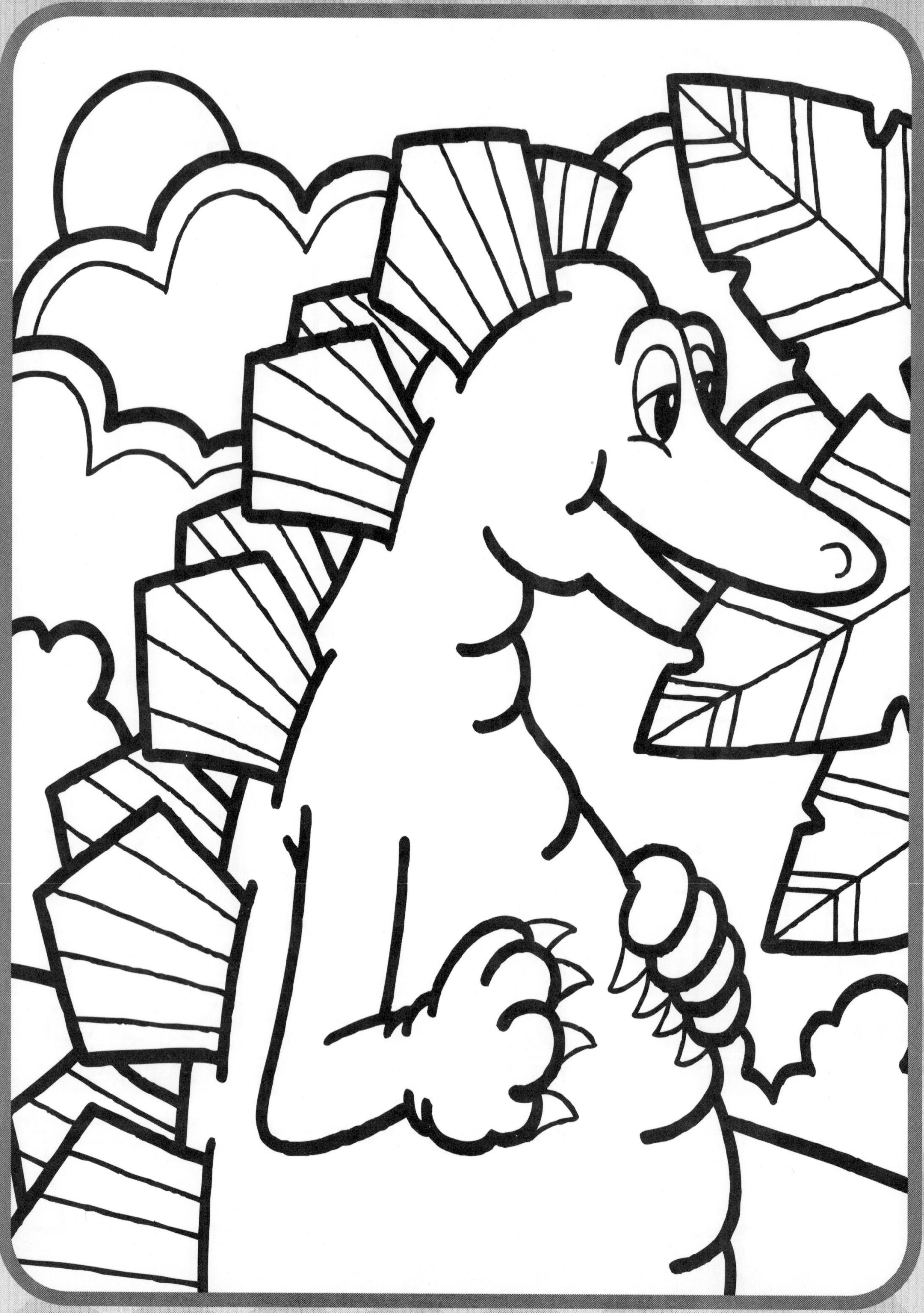

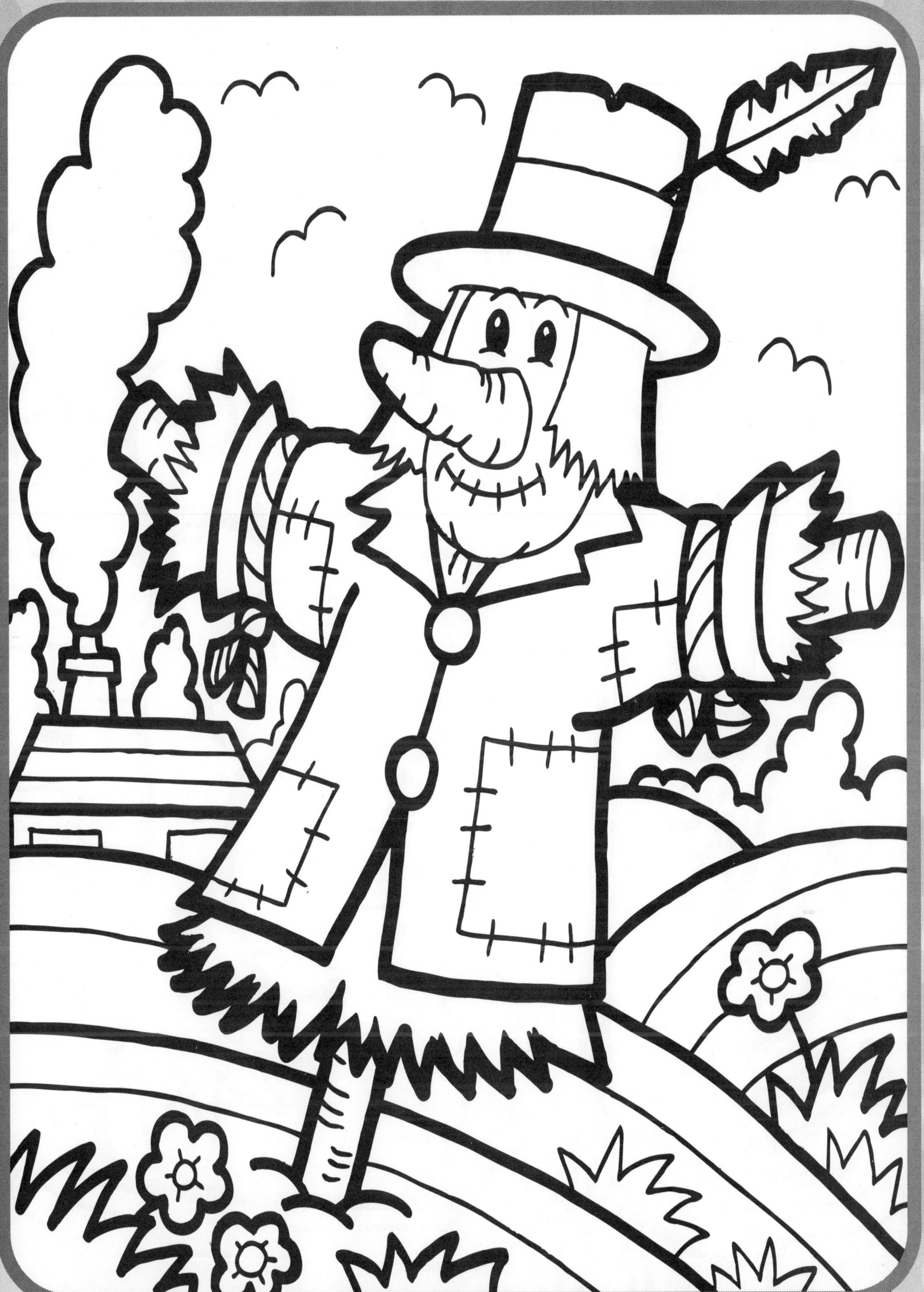

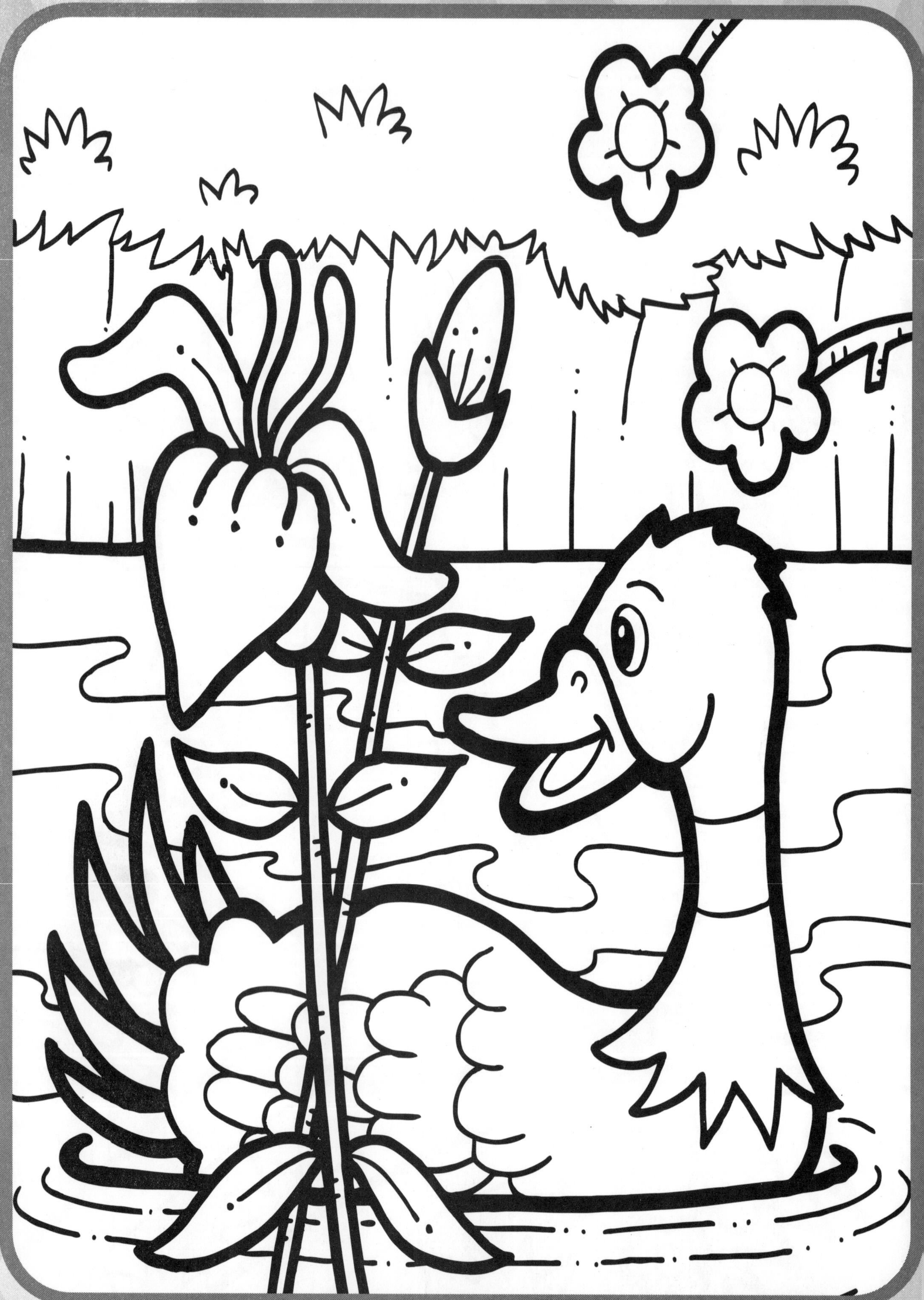